I0709777

La CIUDAD que ya no EXISTE 2

Carlos Villasana

La CIUDAD que ya no EXISTE

2

«En una urbe atada a sus destrucciones y a la manía mexicana de exterminar el pasado para merecer el presente, la colección fotográfica de Carlos Villasana logra una doble proeza: detener el tiempo y el olvido». HÉCTOR DE MAULEÓN

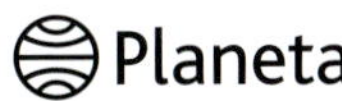

Carlos Villasana es un apasionado de la Ciudad de México, y ha demostrado su
amor por ella atesorando imágenes de su pasado, en todos los tiempos y formatos:
fotografías, tarjetas postales, carteles, diapositivas y todo lo que se nos pueda ocurrir.
En este libro, nos comparte algunas de su riquísimo acervo que nos hacen volver a
vivir nuestra antigua y maravillosa ciudad.

ÁNGELES GONZÁLEZ GAMIO
Historiadora, periodista, escritora y cronista del Centro Histórico

El trabajo y la colección de Carlos Villasana son una fuente fundamental para entender el pasado de la Ciudad de México, con sus modas, culturas y subculturas. Siempre está abierto y dispuesto a colaborar y facilitar sus materiales a otros investigadores. Ojalá hubiera más personas con ese compromiso con nuestra historia y memoria.

ANA ELENA MALLET
Curadora

La Ciudad de México es un ente palpitante que se contrae y expande mediante los recuerdos de quienes la habitan. Sus edificios, sabores y colores nos cuentan la historia no solo del país, sino también la de todos quienes la hemos recorrido. Este territorio es la memoria viva de nuestros antepasados y días pasados.

SARA BENÍTEZ (SARI)
Historiadora (@historiachiquita)

Para mi hija Dani, mi familia y amigos,
y todos los que hicieron posible esta segunda entrega.

Presentación

Hace tiempo aprendí que la fotografía tiene el poder de conectar a la gente. Hay imágenes que funcionan como hilos conductores y cuentan historias que nos resultan familiares, aunque no conozcamos a los protagonistas. Este aprendizaje y el cariño que tengo por la Ciudad de México han guiado mi labor como coleccionista e historiador iconográfico para diversos proyectos que rescatan la memoria citadina, y también constituyeron la semilla que dio origen, en 2021, a mi primer libro, *La ciudad que ya no existe*, a través del cual pude compartir una muestra de las fotos que conforman mi archivo y rendir un pequeño homenaje tanto a esta urbe —que es la mía y la de mis antepasados— como a algunos de los creadores anónimos que la han retratado.

Desde su publicación, el primer libro tuvo una gran aceptación entre personas de todas las edades que hicieron de este el perfecto acompañante para sus recorridos habituales rumbo al trabajo o para disfrutarlo con un café, además de que constituyó un excelente regalo para amigos y seres queridos, e incluso varias veces resultó ser el medio apropiado para iniciar una nostálgica charla intergeneracional llena de sonrisas y gratas remembranzas. En foros donde se presentó el libro, así como en conversaciones casuales y a través de diversas plataformas, pude conocer los testimonios de quienes habían descubierto, con fascinación, la vida de una ciudad que existió antes que ellos, y a los hombres y mujeres que la construyeron. En esas fotografías, reconocían paisajes, personajes y espacios que les resultaban familiares, aun cuando a muchos no les tocó vivir en esas épocas.

La pregunta recurrente al finalizar cada una de las presentaciones en las que tuve el honor de participar era: ¿para cuándo la segunda parte? Fue así como surgió la propuesta de Planeta de lanzar la continuación de este recorrido gráfico por el pasado de nuestra urbe, pues había material suficiente para hacerlo, y aún hay para varias ediciones más. Así, junto con la periodista Frida Sánchez Hernández, quien conoce muy bien mi archivo y ha trabajado con él, me reuní semana tras semana para hacer una selección de fotografías, siempre cuidando elegir las mejores, las más emotivas, aquellas que, sin lugar a dudas, dejarían una huella imborrable. No fue una tarea sencilla escoger entre todo ese material, que a mí me encanta. La memoria de la ciudad es una fuente casi inagotable, y estoy convencido de que hay muchísimas imágenes que merecen una segunda oportunidad para ser apreciadas.

Tras ese proceso de selección, nos reunimos con la historiadora Isabel Revuelta Poo, que en esta ocasión se encargó de comentar sus imágenes favoritas. Su sensibilidad, entusiasmo y conocimiento le brindaron un sello especial y enriquecedor a este proyecto.

Sin dejar de lado las fotos que dan cuenta de los transportes, los lugares y las construcciones emblemáticas de la ciudad, este nuevo libro tiene como elemento principal a sus habitantes, quienes dan vida a cada uno de los rincones capitalinos, lo que impregna a esta segunda parte de una gran calidez y un enorme sentido humano, capaz de conmover hasta al ojo más perspicaz.

La intención de esta entrega es que quien abra sus páginas se sienta como en casa, con la misma emotividad y nostalgia que experimentaría al descubrir un álbum familiar en el hogar de sus abuelos. Buscamos que quien haya vivido en esa ciudad que ya no existe recuerde, por ejemplo, la época en la que había un Centro de Convivencia Infantil en Chapultepec, con juegos y atracciones al aire libre; ese disfraz de Kalimán que muchos tuvieron o quisieron tener, al tratarse del superhéroe favorito de toda una generación; o esas tardes después de la escuela, en las que los niños se sentaban en grupo frente a la televisión para disfrutar de las caricaturas; pero también anhelamos que aquellos jóvenes a quienes no les tocó vivir en esos tiempos puedan conocer cómo se vestían, transportaban y divertían sus antepasados, y se emocionen al descubrir cómo y cuánto se han transformado los lugares que transitan hoy.

Cuando las palabras no son suficientes para tender un vínculo a través de la memoria, las imágenes pueden convertirse en un lenguaje universal capaz de conectar a través de las emociones que evocan. Con esa convicción presentamos esta obra.

CARLOS VILLASANA
Ciudad de México, junio de 2025

Antes de comenzar

Isabel Revuelta Poo, historiadora y autora de *Hijas de la historia*, comenta algunas fotografías de este volumen. Podrás identificar sus notas por sus iniciales: IRP.

Para enriquecer tu lectura, considera la siguiente información y encuentra estos detalles en las imágenes:

 Personajes de la vida cotidiana

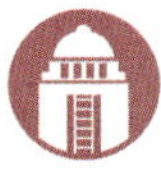 Edificios o monumentos históricos

 Lugares icónicos

Estos íconos permiten reconocer fácilmente los puntos de interés en cada fotografía. Una imagen puede contener más de un ícono. Observa todo lo que aparece.

Código QR

Utiliza el lector QR de tu celular para visitar virtualmente el lugar que observas en la foto y reconocer cómo ha cambiado hasta el día de hoy.

Línea del tiempo

Por su origen, es complicado determinar el año exacto de cada fotografía. Esta línea del tiempo te permitirá ubicar la década a la que pertenece cada imagen y recordar qué hacías tú o preguntar a otras personas qué hacían en aquella época.

De igual manera, en los casos en que fue imposible ubicar el lugar preciso de la toma, se indica mediante la sigla LD (lugar desconocido).

¿Cómo leer este libro?

Cada sección sigue un eje temático. El color que acompaña cada página
te permitirá identificarlo más fácilmente.

MOMENTOS DE LA VIDA COTIDIANA
Aquí podrás encontrar escenas
protagonizadas por los diversos personajes
que han formado parte de la historia de la
ciudad: las familias que han paseado por
ella, los trabajadores que la construyeron o
los amigos que han usado sus rincones como
puntos de encuentro.

MEDIOS DE TRANSPORTE
A lo largo de los siglos, los transportes que
han empleado los citadinos han sido muchos
y muy variados. Aquí podrás encontrar una
buena muestra de ellos.

SITIOS EMBLEMÁTICOS

Un paseo por los lugares representativos de la ciudad, aquellos que seguramente has recorrido o conoces. Encontrarás no solo los que se mantienen en pie, sino también algunos que en otro tiempo fueron de enorme importancia y desaparecieron con el correr de los años.

INFANCIA

Un homenaje a todos aquellos para quienes la ciudad ha sido su sitio de juegos y paseos.

CENTRO HISTÓRICO

Desde la época prehispánica, esta zona ha sido el núcleo de la ciudad. En esta sección encontrarás imágenes para pasear por ella a lo largo de diferentes décadas.

Puedes seguir el orden del libro o recorrer sus páginas a partir de los temas que más te interesen.

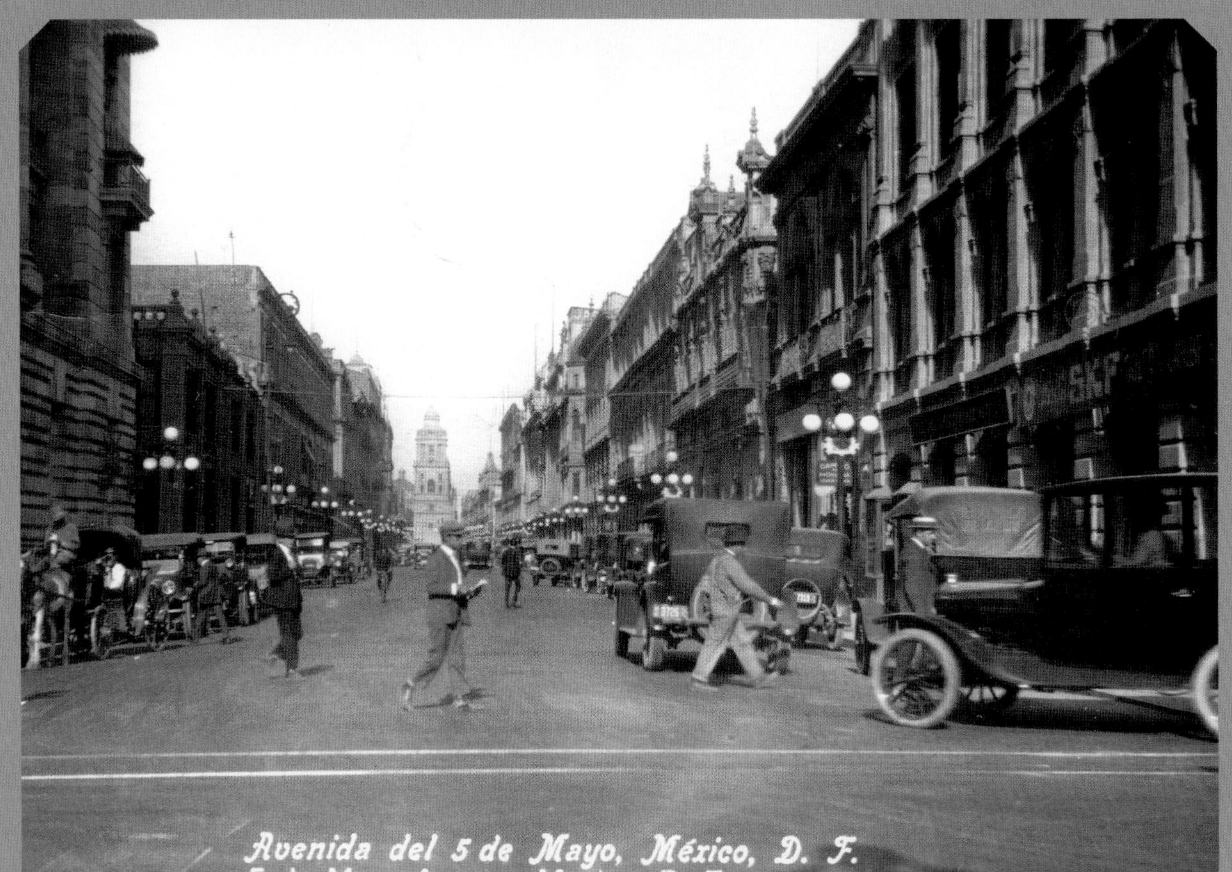
Avenida del 5 de Mayo, México, D. F.
5 de Mayo Avenue. Mexico, D. F.

Bajo los techos de aquella ciudad; en el llanto del recién nacido,
en el beso del joven, en el sueño del hombre, en el vientre de la
mujer; en la ambición del mercader, en la gratitud del exiliado;
en el lujo y en la miseria; en la jactancia del banquero, en el músculo del
trabajador; en las piedras que labraron los aztecas; en las iglesias que
elevaron los conquistadores; en los palacios ingenuos de nuestro siglo XIX;
en las escuelas, los hospitales y los parques de la Revolución, dormía ahora,
se perpetuaba, se gestaba, sobrevivía, la grandeza de México.

SALVADOR NOVO
Nueva grandeza mexicana

Hacia 1522, durante la primera etapa de construcción de la Plaza Mayor (hoy Zócalo) tras la caída de México-Tenochtitlan, se proyectó que confluyeran en este sitio tanto los poderes de la vida religiosa como los de la administración civil de la naciente Nueva España. Así, durante siglos, la plaza ha albergado a la Catedral Metropolitana (en sus diferentes etapas de construcción), al Palacio Nacional (Real hasta antes de la Independencia) y a los edificios del antiguo y el nuevo Ayuntamiento; el primero, construido en 1522 por órdenes de Hernán Cortés; y el segundo, a cargo de los arquitectos Federico Mariscal y Fernando Beltrán Puga, inaugurado en 1948. La gran mayoría de los mexicanos tenemos un recuerdo en este sitio, casi siempre bullicioso y lleno de vida urbana; el mío es bastante atípico, pues el 15 de septiembre de 2021 participé en la transmisión televisiva del tradicional Grito de Independencia desde la terraza, con un Zócalo desierto, fantasmal y vacío por la pandemia de COVID-19 que entonces azotaba al mundo. | IRP

Dos amigos sentados en lo alto del Antiguo Palacio del Ayuntamiento, que actualmente es la sede del Gobierno capitalino, con la imponente Catedral Metropolitana y los tranvías que entonces circulaban por la zona como fondo.

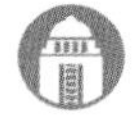

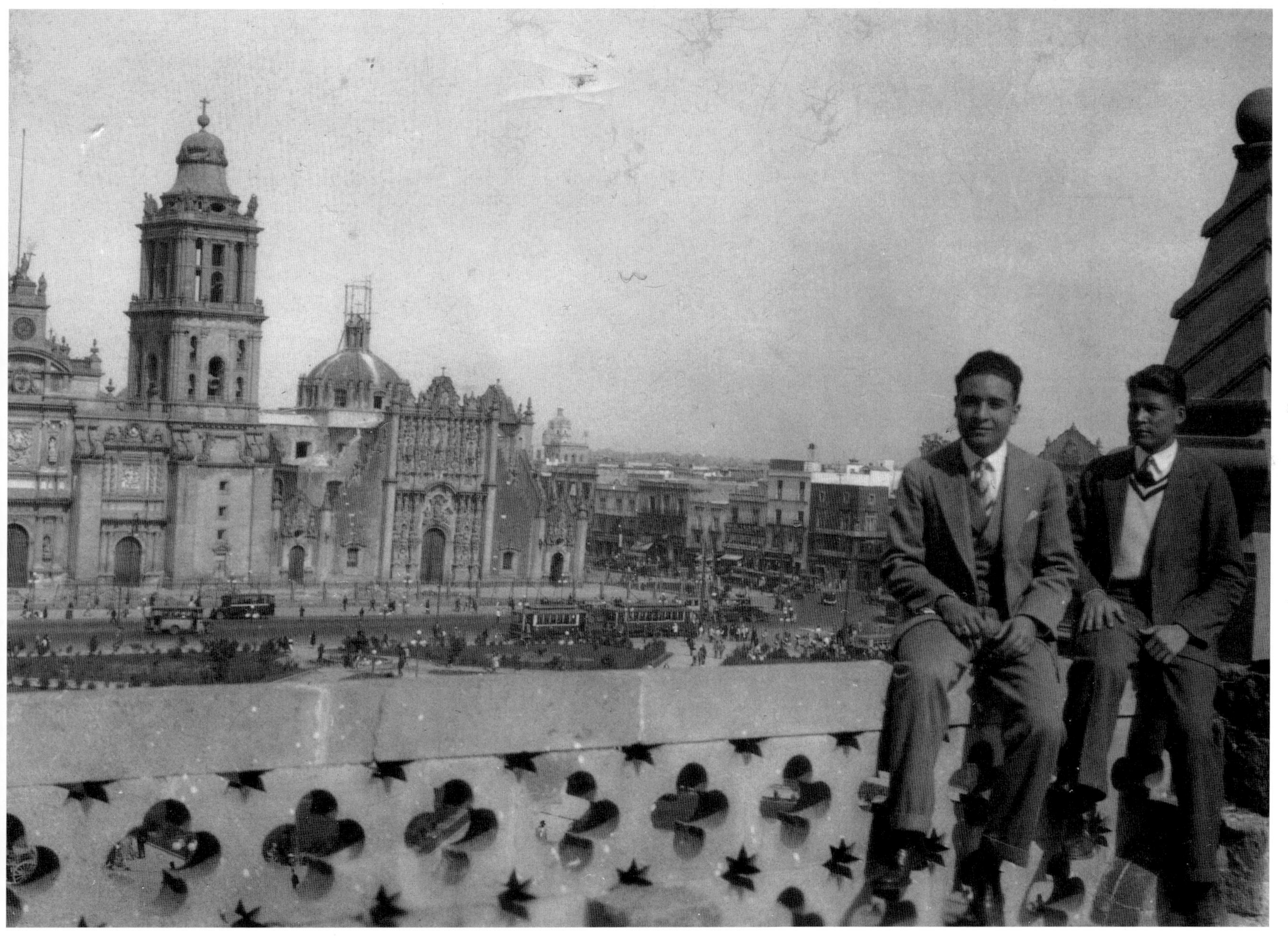

1950
1960
1970
1980

Como si se tratara de los cielos captados por el cinefotógrafo
Gabriel Figueroa en la Época de Oro del cine mexicano —que, al
igual que esta foto, tuvo lugar a mediados del siglo XX—, el mágico
paisaje funde las nubes con las lomas cubiertas de arbustos. Una
mal trazada carretera llena de automóviles invita a la madre y a su
hijo a imaginar el camino tras el prominente Cerro Gordo, ubicado
en Santa Clara Coatitla. Esta población —zona fértil, boscosa,
pulquera y textil— fue testigo, desde la época prehispánica —en
que se situaba a orillas del lago de Texcoco—, de los grandes
acontecimientos ocurridos en la región de la cuenca del Valle de
México. Así, estas tierras han sido cuna de diversos sucesos de
nuestra historia, como el peregrinaje de los antiguos mexicas en
busca de la tierra prometida, las tierras cultivadas tras la Conquista,
el paso de los frailes franciscanos y las batallas independentistas,
hasta formar parte del hoy ultrapoblado municipio de Ecatepec
de Morelos, Estado de México, en los alrededores de la Ciudad de
México. | IRP

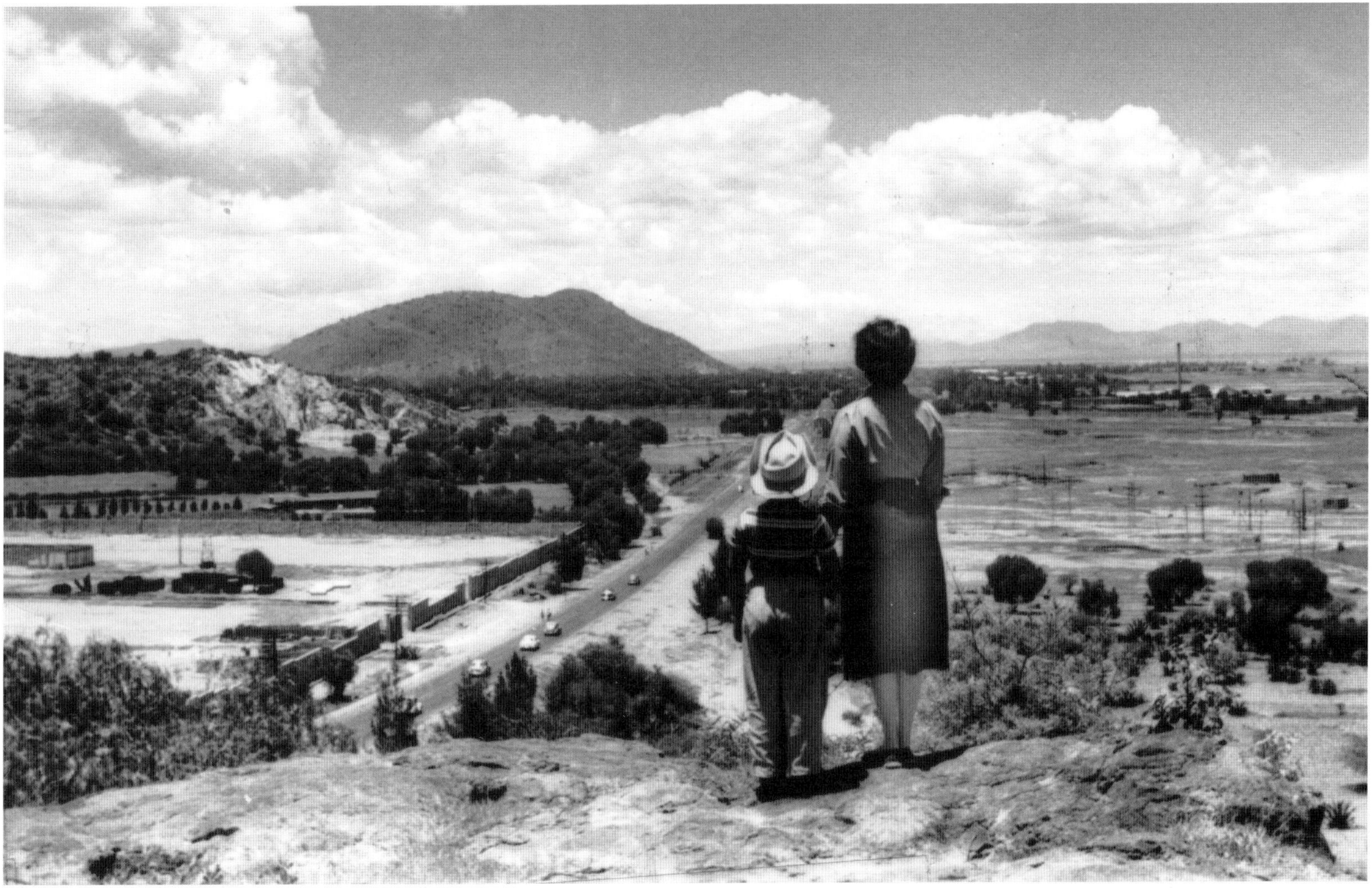

Una madre y su hijo disfrutan de la vista del
Cerro Gordo de Santa Clara y sus alrededores. 

A pesar de ser el de Chapultepec un lago artificial construido en 1895 como parte de las obras del bosque homónimo, este último sitio tiene más de 3 000 años de historia. Pasear por él, incluso desde la época prehispánica, cuando los tlatoanis como Moctezuma Xocoyotzin visitaban sus parajes y manantiales, ha sido una actividad obligada de relajación y descanso. Esta madre y sus tres hijos seguramente celebraban alguna ocasión especial con este ancestral paseo. El paisaje debió ser el mismo que el de la zona lacustre del Valle de México en la década de 1920, época de la que data esta imagen, pues los principales ríos de la ciudad todavía no estaban entubados, por lo que la flora y la fauna endémicas prevalecían en toda la ciudad y sus alrededores. | IRP

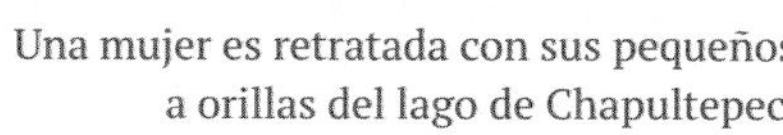

Una mujer es retratada con sus pequeños a orillas del lago de Chapultepec.

1920

1930

1940

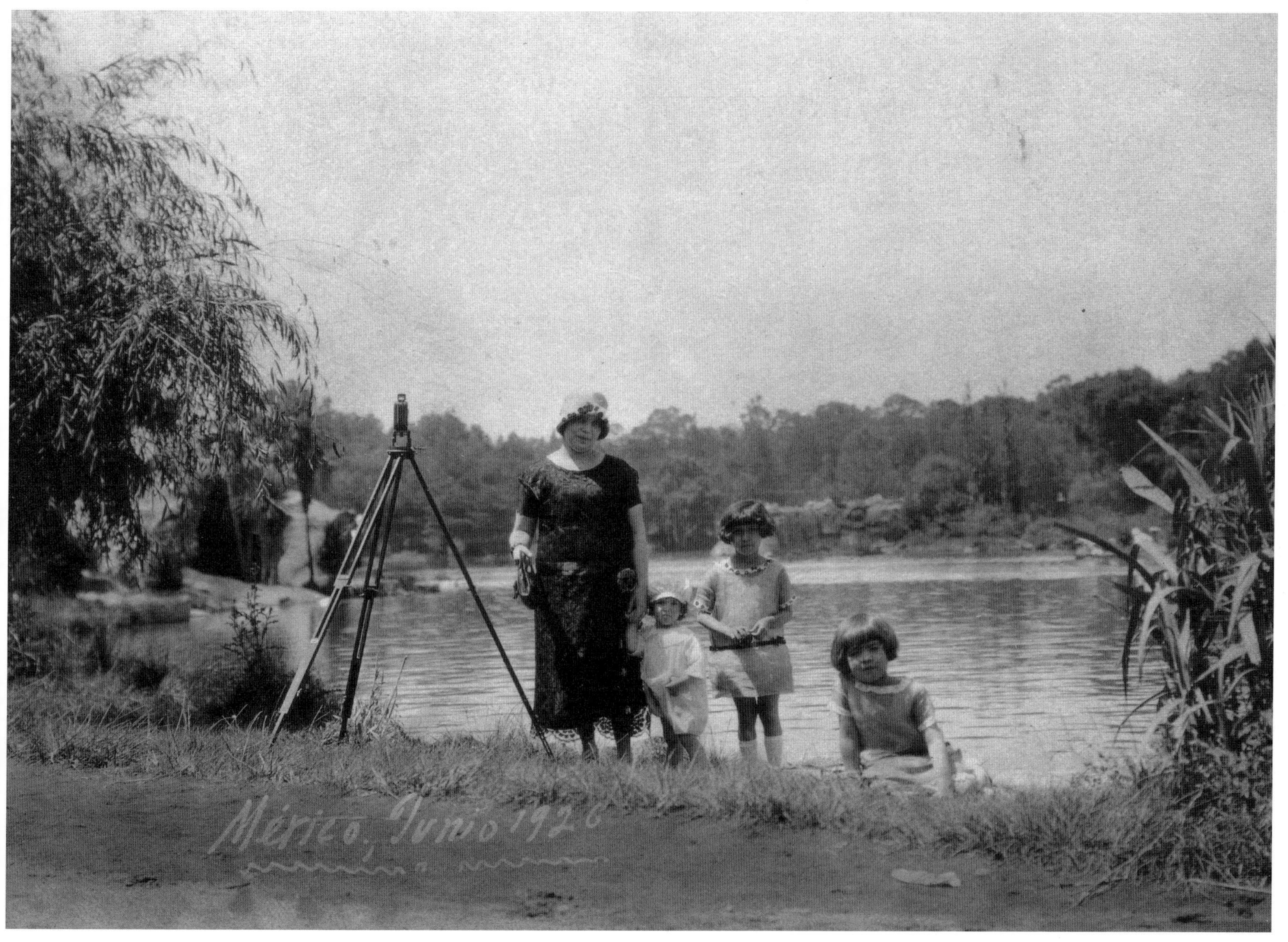

1950   1960   1970   1980

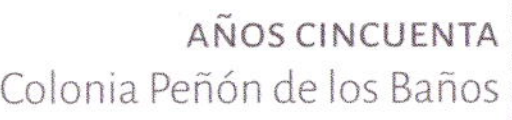

Una familia es retratada en la pista del Aeropuerto Central de México. En el fondo, se aprecia un avión con las siglas de la extinta Compañía Mexicana de Aviación (CMA).

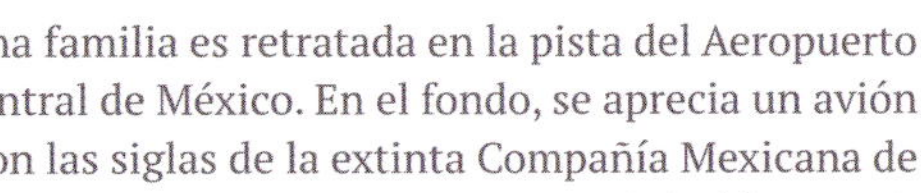

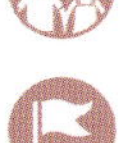

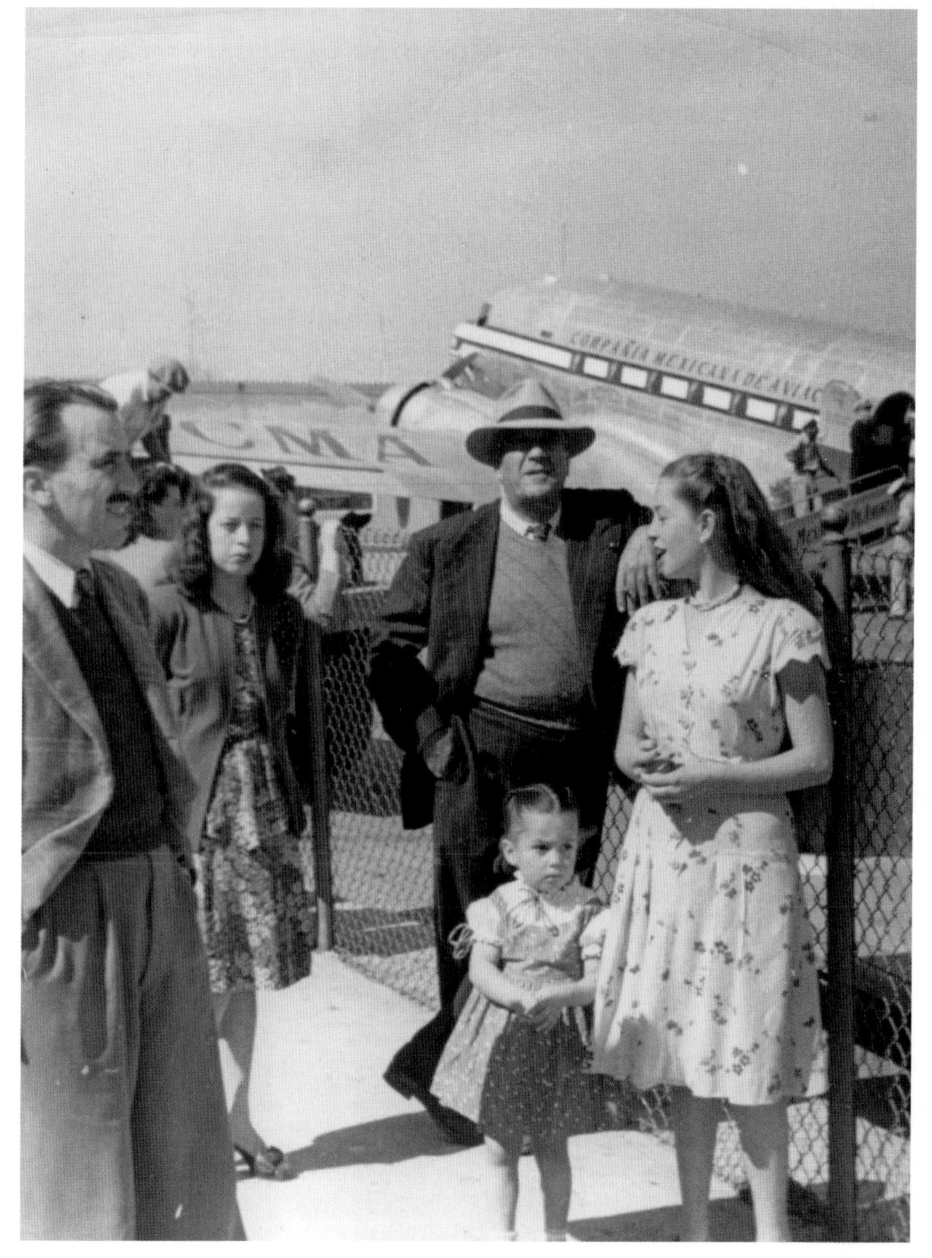

1950   1960   1970   1980

Tomarse una fotografía con sombreros de charro y caballos de madera era
una actividad casi obligada para las familias que visitaban Chapultepec.
Muchos conservamos una imagen así en nuestro baúl de los recuerdos.

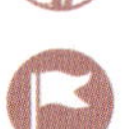

1920

1930

1940

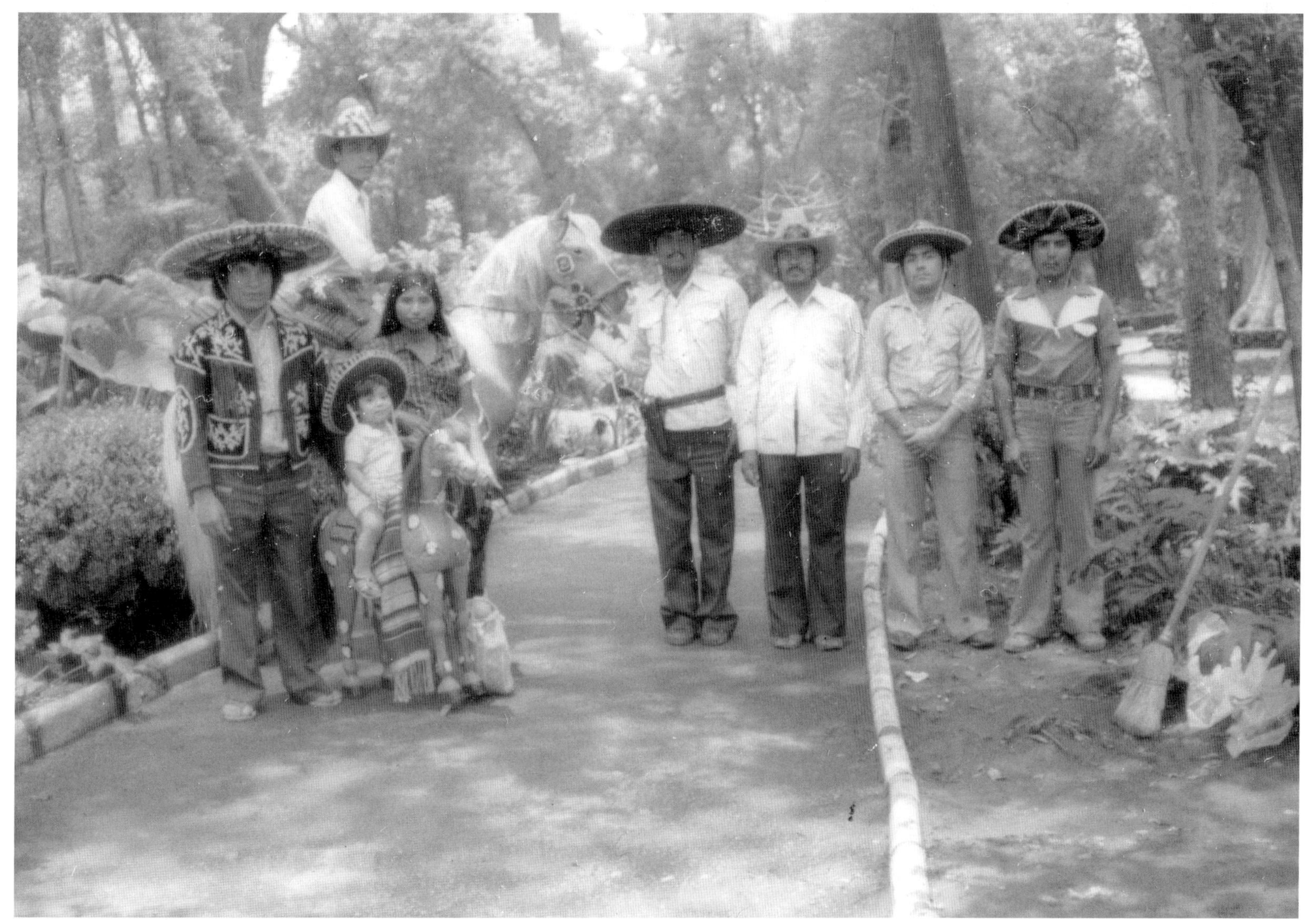

1950
1960
1970
1980

La pastelería El Molino fue fundada por el inmigrante catalán Juan Servitje en octubre de 1928, en el número 37 de la calle 16 de Septiembre, en el centro de la Ciudad de México. Don Juan, quien ya había trabajado en las panaderías La Flor de México y Pan Ideal, emprendió, junto con sus antiguos compañeros de trabajo Leandro Bonet y Benjamín Tinoco, la aventura de establecer una pastelería distinguida, de gran calidad y prestigio. Fue tal el éxito de la nueva pastelería que, años después de su inauguración, la esposa de don Juan, Josefina Sendra, abrió un restaurante y salón de eventos. Quizá la familia de la imagen festejó alguna ocasión especial ahí, en la década de 1950.

Sin saberlo, los Servitje iniciaban la historia de una de las empresas panaderas más importantes en México y el mundo: Grupo Bimbo. Lorenzo, hijo del citado matrimonio, fundaría en 1945, con enorme visión y tras trabajar muchos años en El Molino después de la muerte de su padre, la fábrica de pan más exitosa de nuestro país hasta la fecha. Hoy sigue siendo imprescindible llevar pan dulce a casa cuando se va al Centro Histórico. | IRP

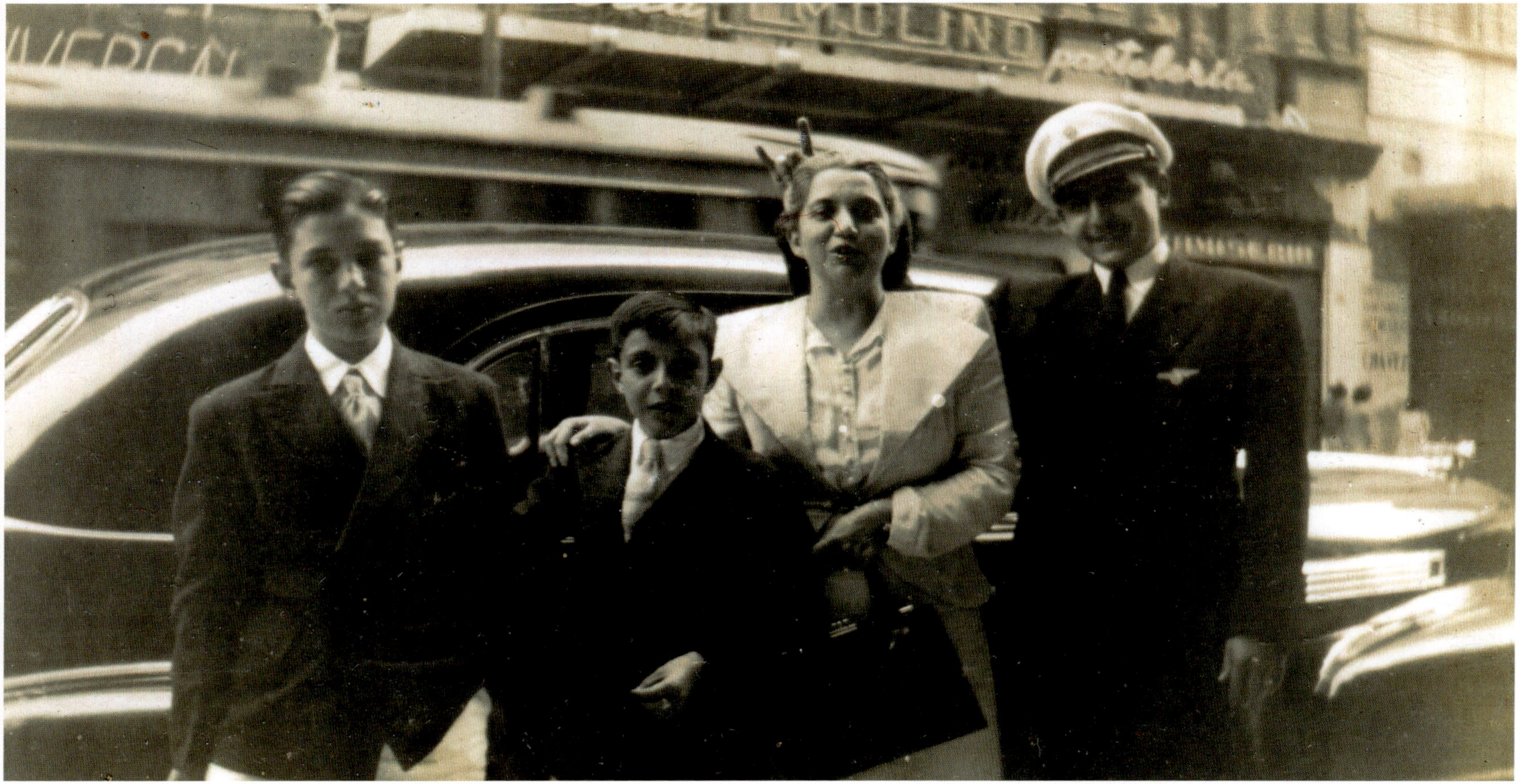

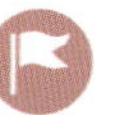

Un retrato familiar frente a la pastelería El Molino, en el Centro Histórico.
La formalidad de su vestimenta no le impide al caballero ponerle «cuernos» a su acompañante.

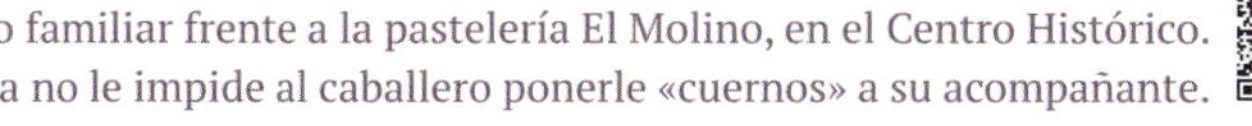

1950   1960   1970   1980

Tres generaciones de mujeres disfrutan de un alegre momento
con sus bebidas en mano. Sus sonrisas contagian de alegría a
cualquiera que admire esta entrañable fotografía.

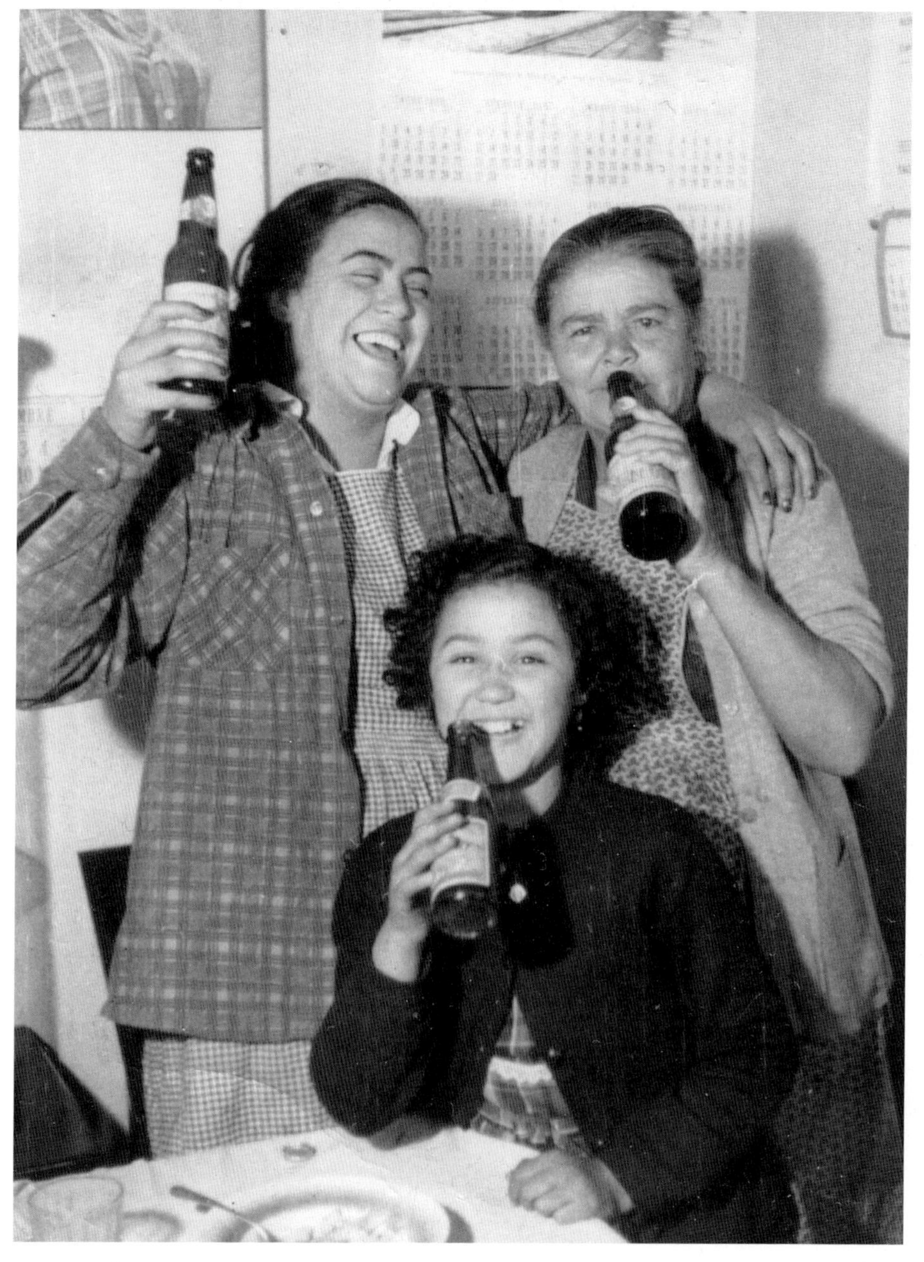

1950   1960   1970   1980

La imponente Biblioteca Central de Ciudad Universitaria, de la
Universidad Nacional Autónoma de México, es uno de los edificios
más emblemáticos de la capital. De 1949 a 1951, el arquitecto
y pintor Juan O'Gorman la proyectó y dirigió su construcción,
revestida por un impresionante mural de 4 000 m² hecho de
fragmentos de diversos tipos de piedra natural, procedentes de
todo el territorio nacional. En 2007, la Unesco la declaró Patrimonio
Cultural de la Humanidad.

La imagen de la mujer coincide con la época en que esa casa de
estudios, al trasladarse la Ciudad Universitaria del centro al sur
de la capital, abrió sus aulas a miles de mujeres que decidieron
estudiar una carrera profesional. No es coincidencia que
justamente en ese periodo, hacia 1953, las mexicanas consiguieran
el derecho al voto. Los vientos de cultura y modernidad soplaban
fuerte en nuestro país. | IRP

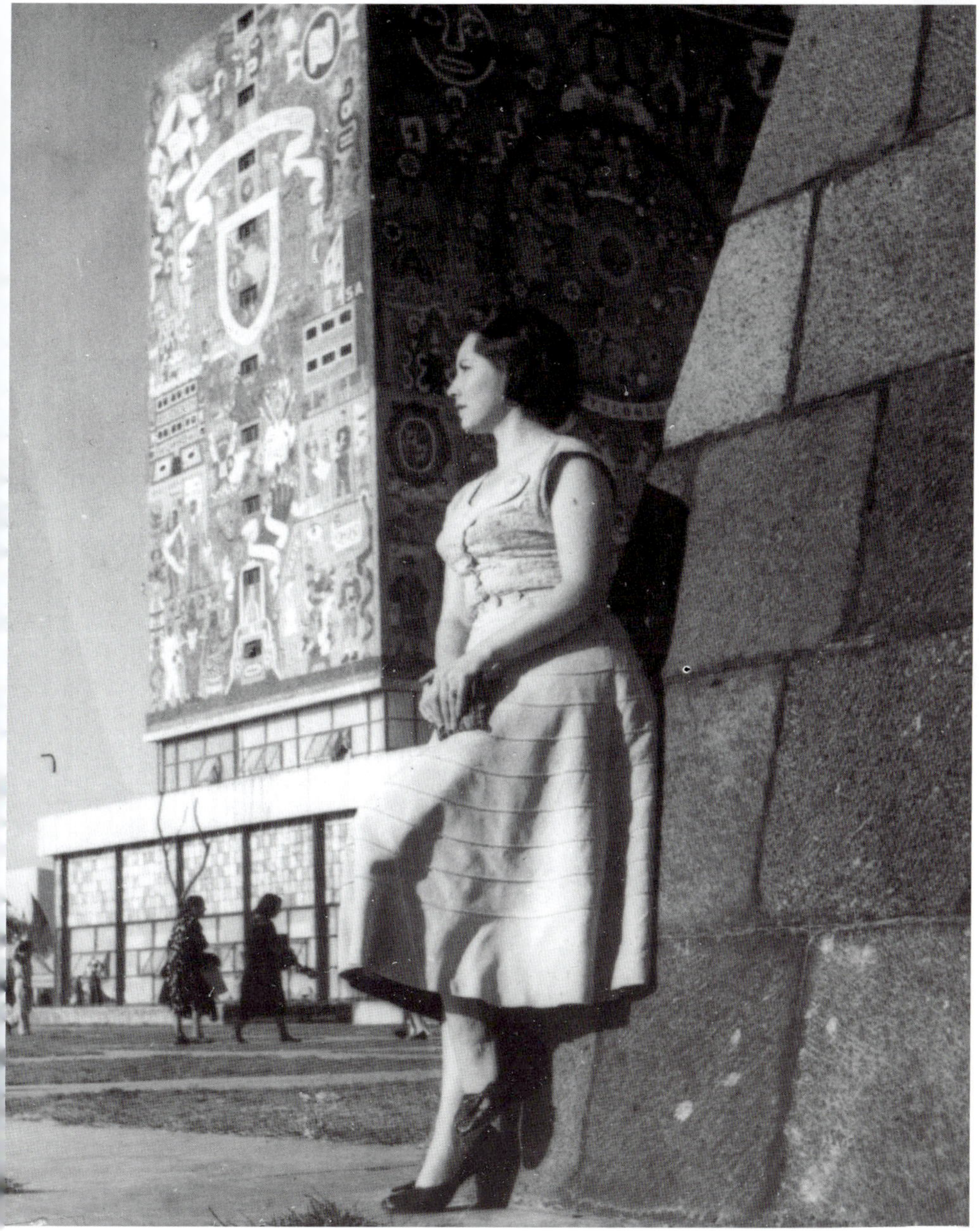

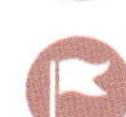

Una joven es captada en la base de la desaparecida estatua del presidente Miguel Alemán Valdés, con la inconfundible Biblioteca Central de Ciudad Universitaria como fondo.

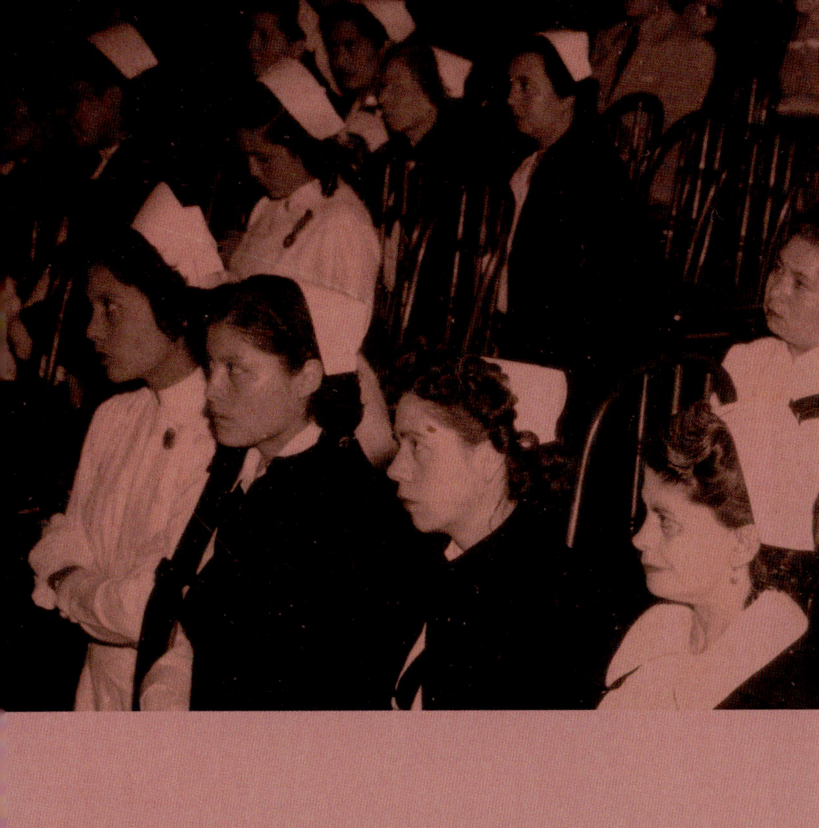

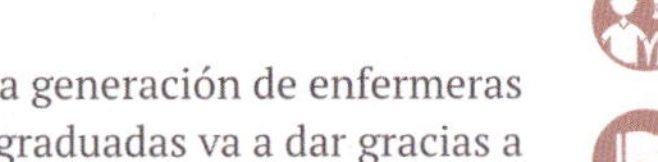
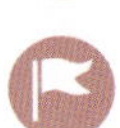

Una generación de enfermeras
recién graduadas va a dar gracias a
la antigua Basílica de Guadalupe.

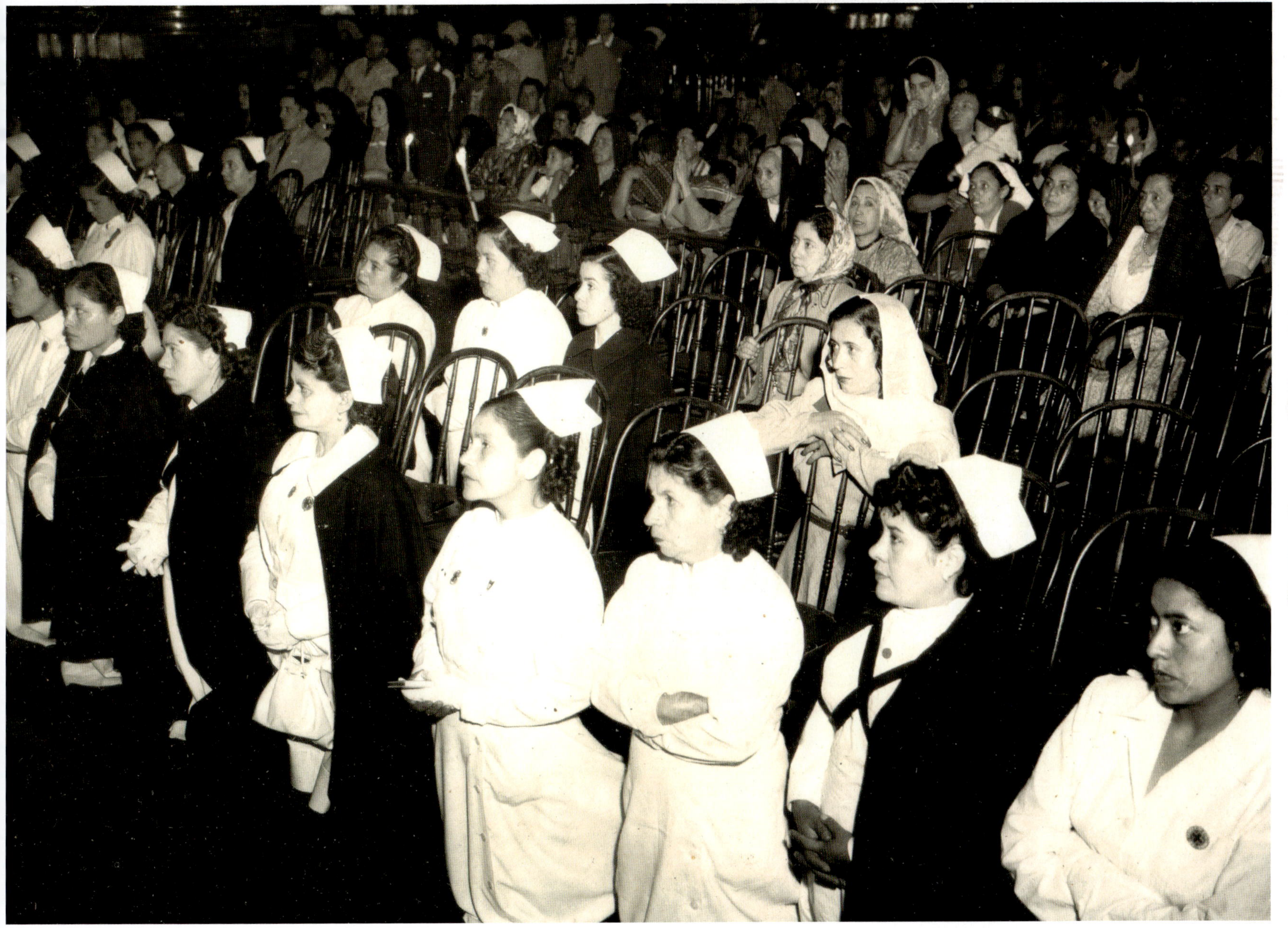

1950
1960
1970
1980

La carrera técnica denominada «cultora de belleza» se popularizó en el último tercio del siglo XX en México, época en que cientos de academias con salones o estéticas unisex —para que los alumnos de las primeras ejercieran en ellas lo aprendido— inundaron las calles de las ciudades de nuestro país. En algunos casos, incluso sustituyeron a las tradicionales peluquerías o barberías exclusivas para hombres —aquellas con el cilindro rojo y azul que rotaba colorido en sus entradas—, así como a los salones de belleza solo para mujeres. Figuras como el estilista Alfredo Palacios destacarían como verdaderas estrellas del tinte y la tijera, pues muchas personalidades del mundo del espectáculo y la política recurrían a sus servicios de manera estrecha y permanente, como sucede hasta el día de hoy. El estilismo, como se conoce a esta célebre profesión, encuentra sus orígenes en esta temprana imagen. | IRP

Una toma publicitaria de la Academia de Belleza Marcelo promocionando los servicios que ofrecía a su clientela. Dos mujeres sostienen un cuadro en el que se explican las etapas de decoloración de cabello.

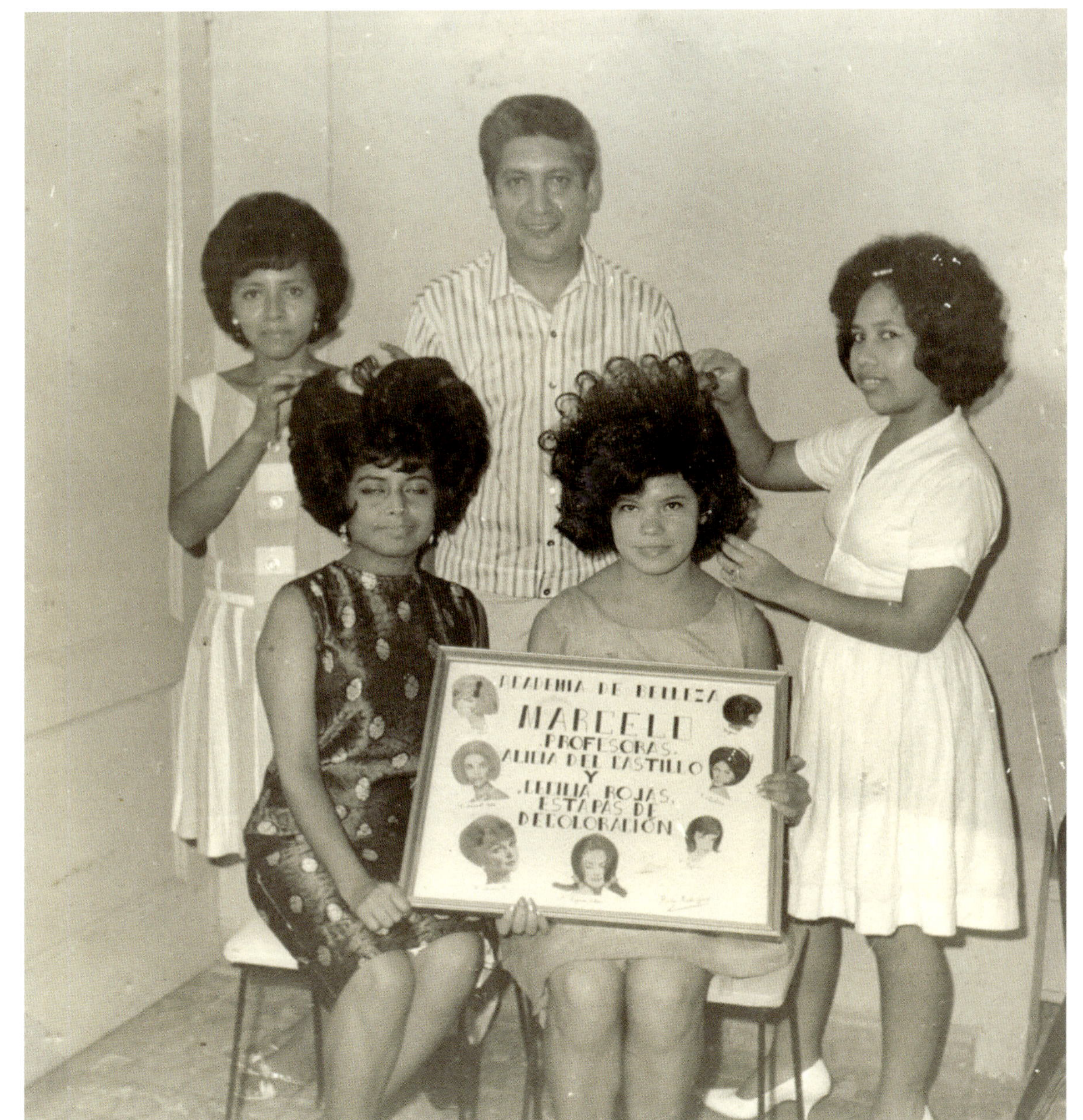

1950   1960   1970   1980

La vestimenta de esta señorita nos remonta a una época muy recordada por varias generaciones, quizá la misma de nuestras abuelas o bisabuelas.

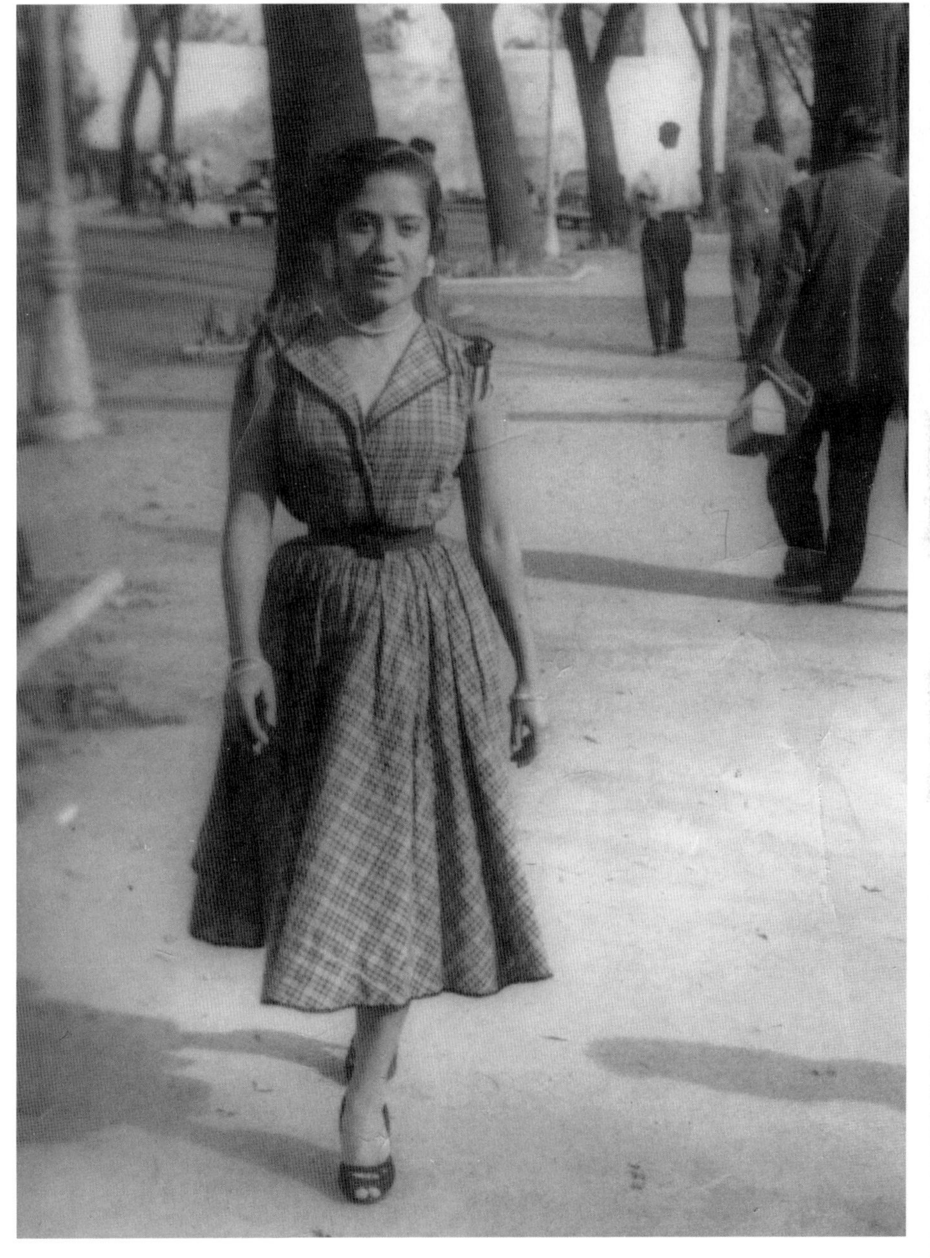

1950   1960   1970   1980

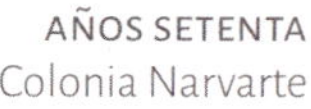

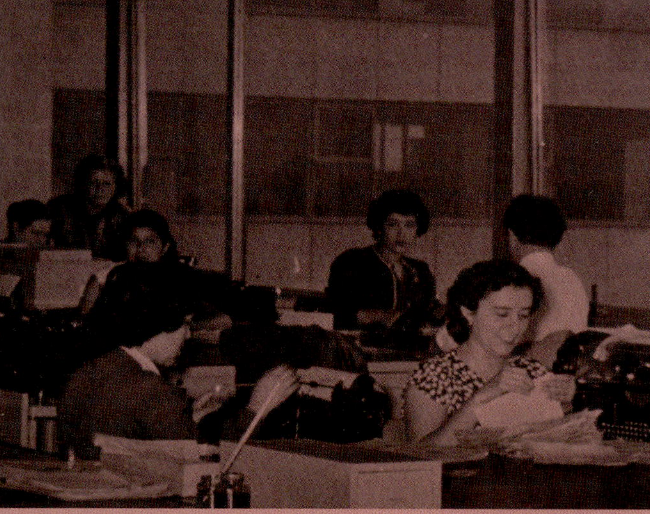

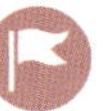

Un trabajo fundamental en las oficinas de Gobierno era la mecanografía, que en aquellos años desempeñaban sobre todo mujeres. Aquí un grupo de oficinistas teclean muy ocupadas en el ahora desaparecido Centro SCOP.

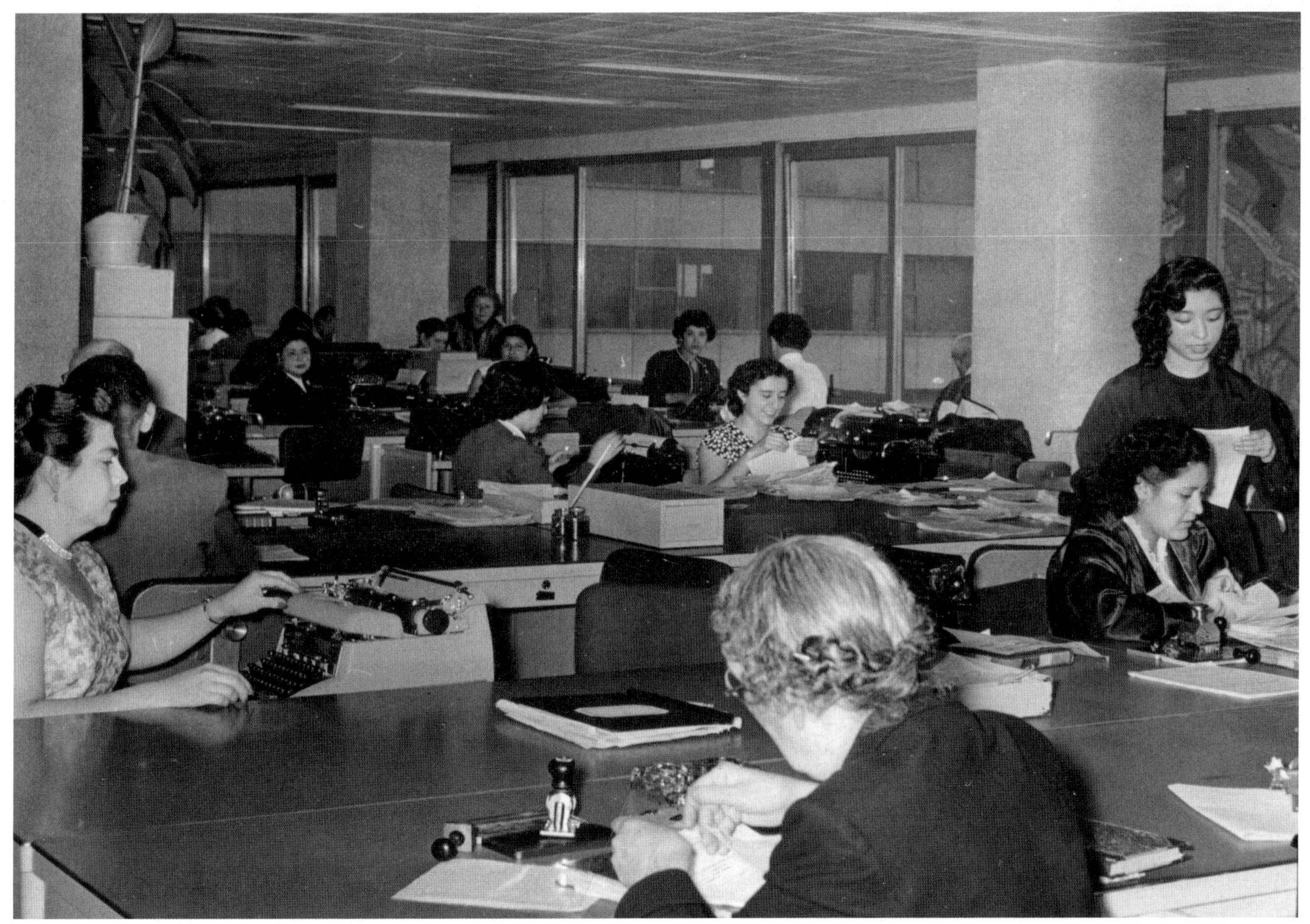

1950
1960
1970
1980

Aunque en los años cincuenta las mujeres mexicanas consiguieron victorias como el derecho al sufragio, la sociedad seguía relegándolas al ámbito doméstico. Durante esos años —y hasta la década de los ochenta—, en las escuelas y los institutos para mujeres continuaron impartiéndose talleres de corte y confección, pues esa era una de las pocas formas en que las mujeres podían ejercer una actividad económica. La costura era uno de los oficios que la sociedad «veía bien» que ellas desempeñaran, ya fuera en alguna de los cientos de fábricas de ropa o en el ámbito de la vida privada, con las celebérrimas máquinas de coser Singer como indiscutibles aliadas. La segunda mitad del siglo XX sería testigo de la gran revolución femenina y de la incorporación plena a la vida pública de las mujeres, mediante el acceso a estudios profesionales que las llevaron a desempeñar cargos políticos, empresariales y académicos, más allá de la costura. | IRP

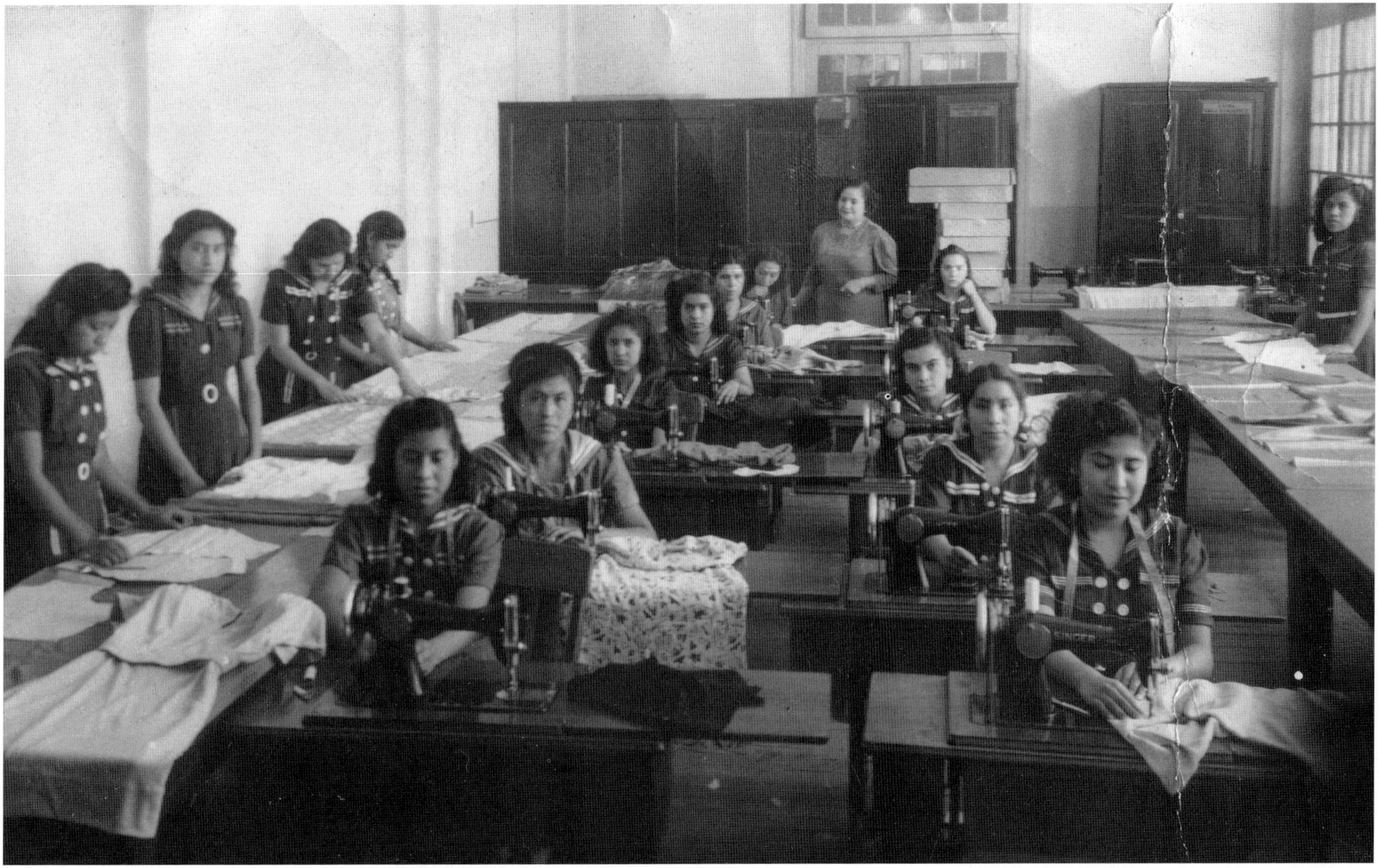

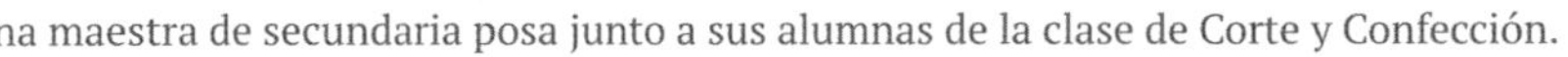

Una maestra de secundaria posa junto a sus alumnas de la clase de Corte y Confección.

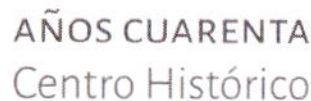

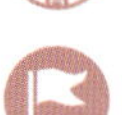

Un trabajador de construcción posa al lado de una estructura en la azotea de un edificio ubicado en avenida Madero. Se alcanza a distinguir la parte superior de la iglesia de San Felipe de Jesús y de los edificios La Nacional y Guardiola, así como la cúpula del Palacio de Bellas Artes.

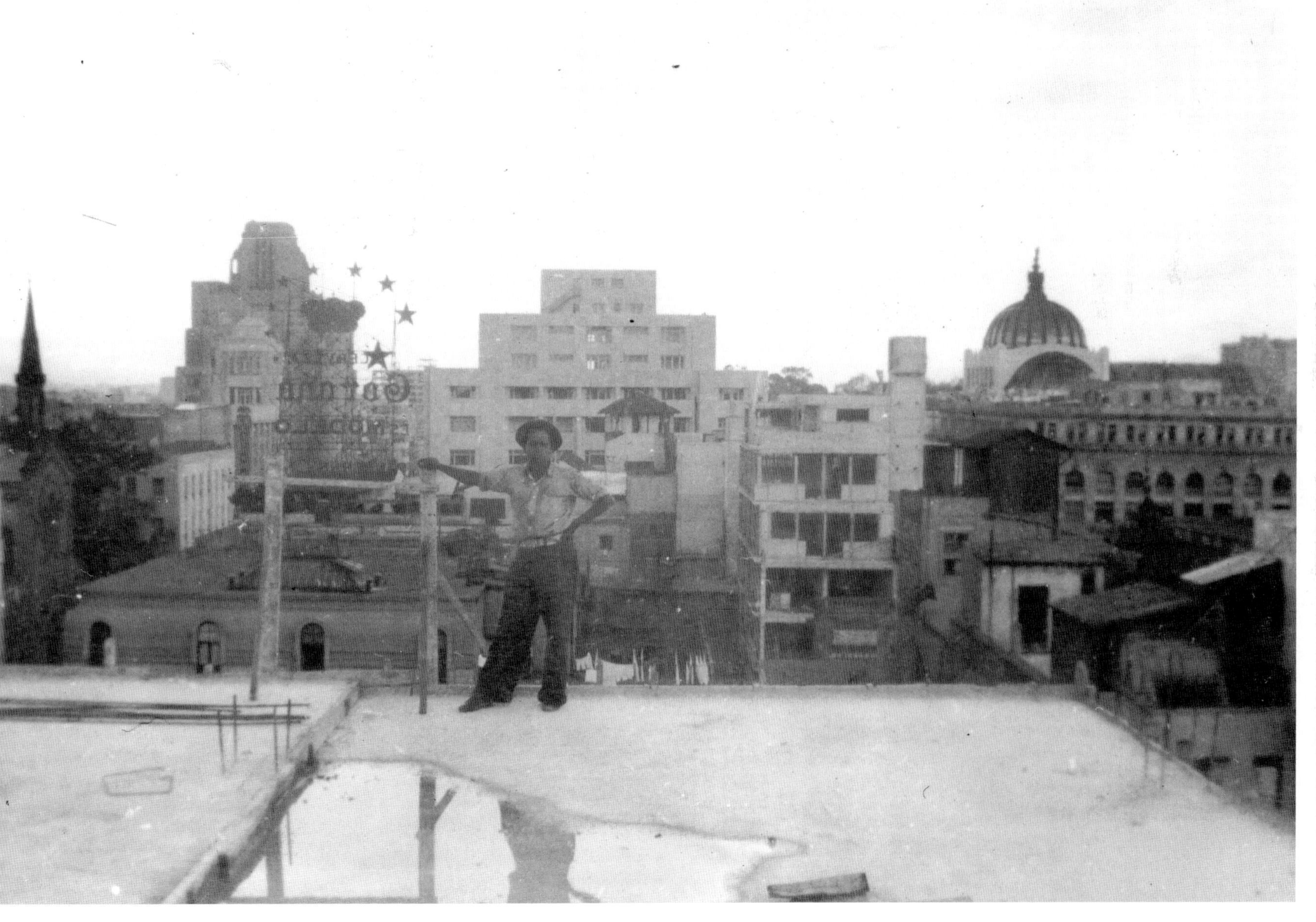
1950
1960
1970
1980

La Fuente de Tláloc, ubicada en el Museo del Cárcamo de Dolores de nuestro bosque ancestral, es una de las más hermosas de la ciudad. Fue construida en honor a Tláloc, dios mexica de la lluvia. La gran instalación hidráulica, realizada en 1951 como parte del entubamiento del Sistema del Río Lerma, fue coronada por la obra del célebre muralista Diego Rivera, quien sentía una profunda admiración por nuestras raíces prehispánicas. El conjunto artístico consta del mural *El agua, origen de la vida en la Tierra*, plasmado sobre el túnel que yacía sumergido bajo el agua, al igual que las esculturas que emanan de este. En el año 2010, el Cárcamo fue sometido a una profunda restauración, tanto del edificio funcionalista —construido por el arquitecto Ricardo Rivas también en 1951— como de la imponente fuente, realizada por uno de los más grandes artistas de nuestro país. La inusitada obra fue concebida para ser apreciada en su totalidad desde las alturas. | IRP

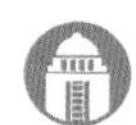
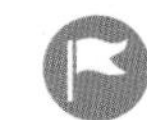

Trabajadores en la etapa final de la construcción de la Fuente de Tláloc, ubicada en la segunda sección del Bosque de Chapultepec.

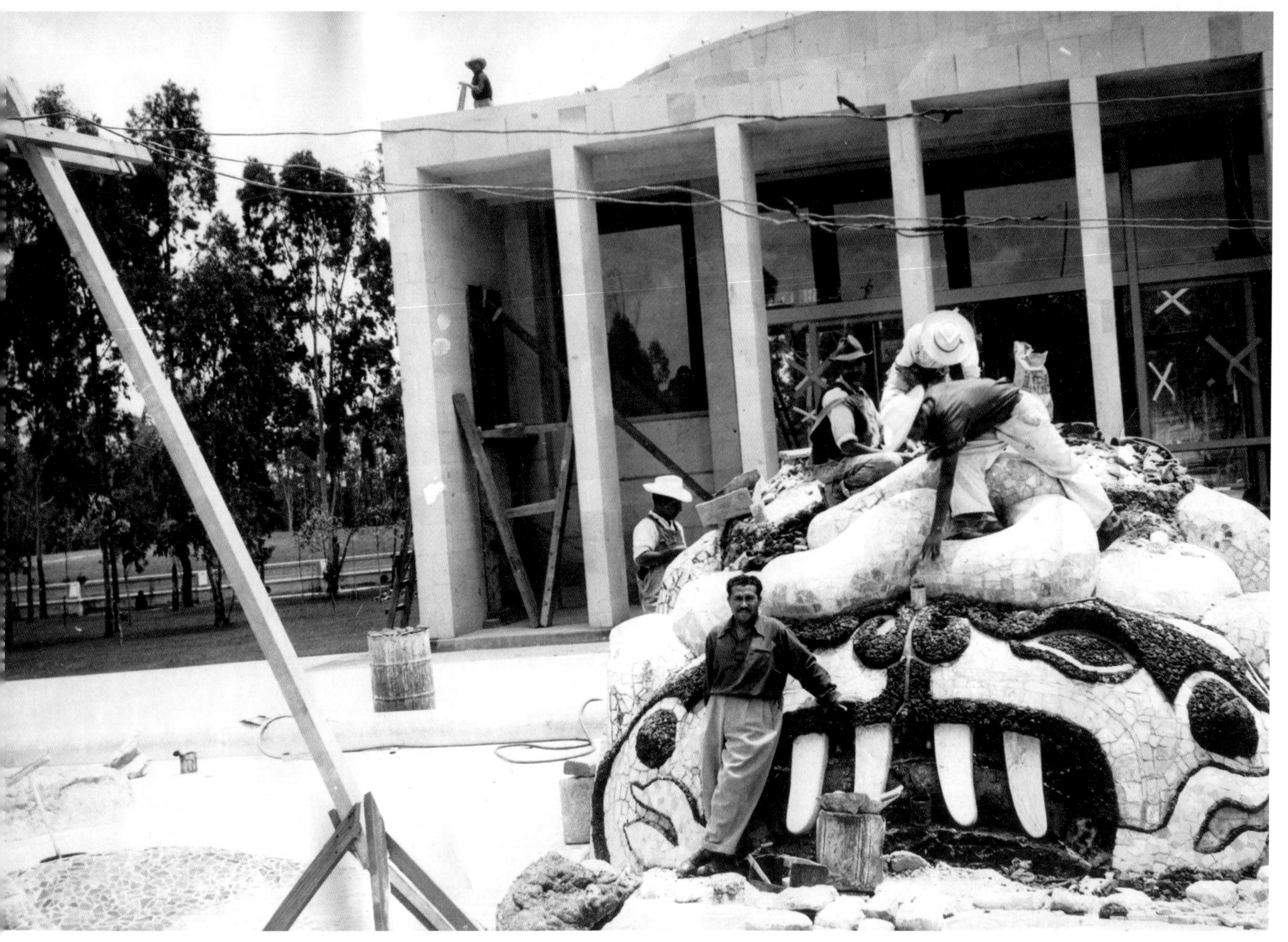

1950
1960
1970
1980

Un par de amigos descansan en la fuente que se encontraba en la plaza Iztaccíhuatl, en la colonia Hipódromo-Condesa. No se sabe qué fue de ella.

1920   1930   1940

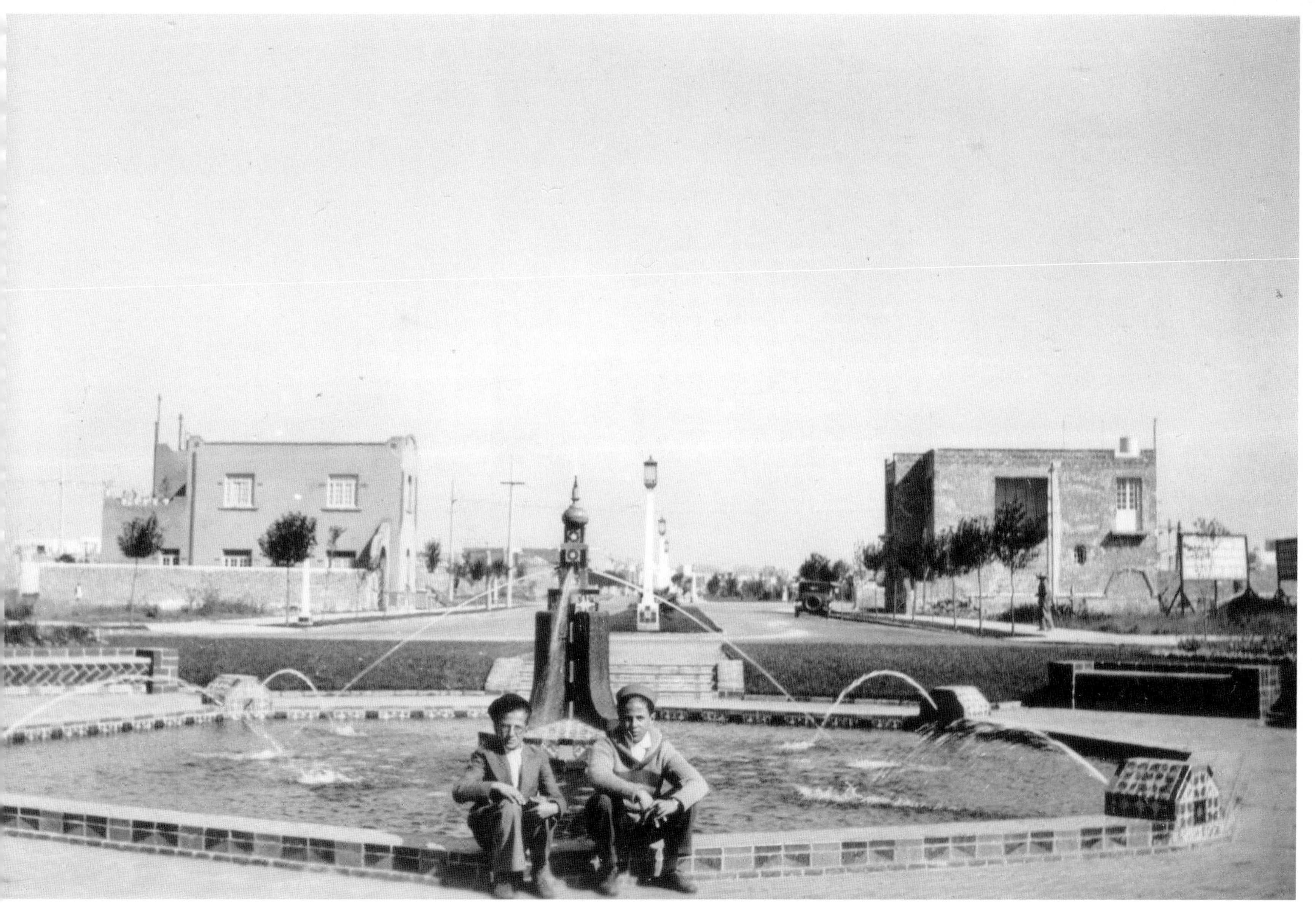

1950
1960
1970
1980

La magia de brindar y contar historias en bares y cantinas
es uno de los grandes placeres de los citadinos, y qué
mejor si se trata de historias de éxito y orgullo, como la que
seguramente hacía recordar el afiche colgado en la pared
de la cantina que aparece en esta imagen a sus clientes
asiduos. Este retrata al general Humberto Mariles Cortés y
su caballo Arete, verdaderas celebridades de mediados del
siglo XX, pues el general fue el primer mexicano en ganar
una medalla de oro (en salto ecuestre) para nuestro país, en
los Juegos Olímpicos de Londres 1948. La historia cuenta que
Mariles y todo el equipo de equitación viajaron a Europa en
contra de la voluntad del presidente Miguel Alemán, con
recursos económicos propios e incluso con sendas órdenes
de aprehensión por indisciplina. Sin embargo, tras la exitosa
gesta —en total, Mariles se colgó tres medallas, dos de
oro y una de bronce—, el presidente Alemán los recibió de
manera apoteósica y con una sentida disculpa por no haber
tenido fe en el militar y en su caballo ¡tuerto!, pues, debido a
una enfermedad, Arete corría con un solo ojo —como saeta,
eso sí—. | IRP

¡Salucita de la buena! Unos amigos levantan sus bebidas y saludan a la cámara dentro de una cantina en los años sesenta.

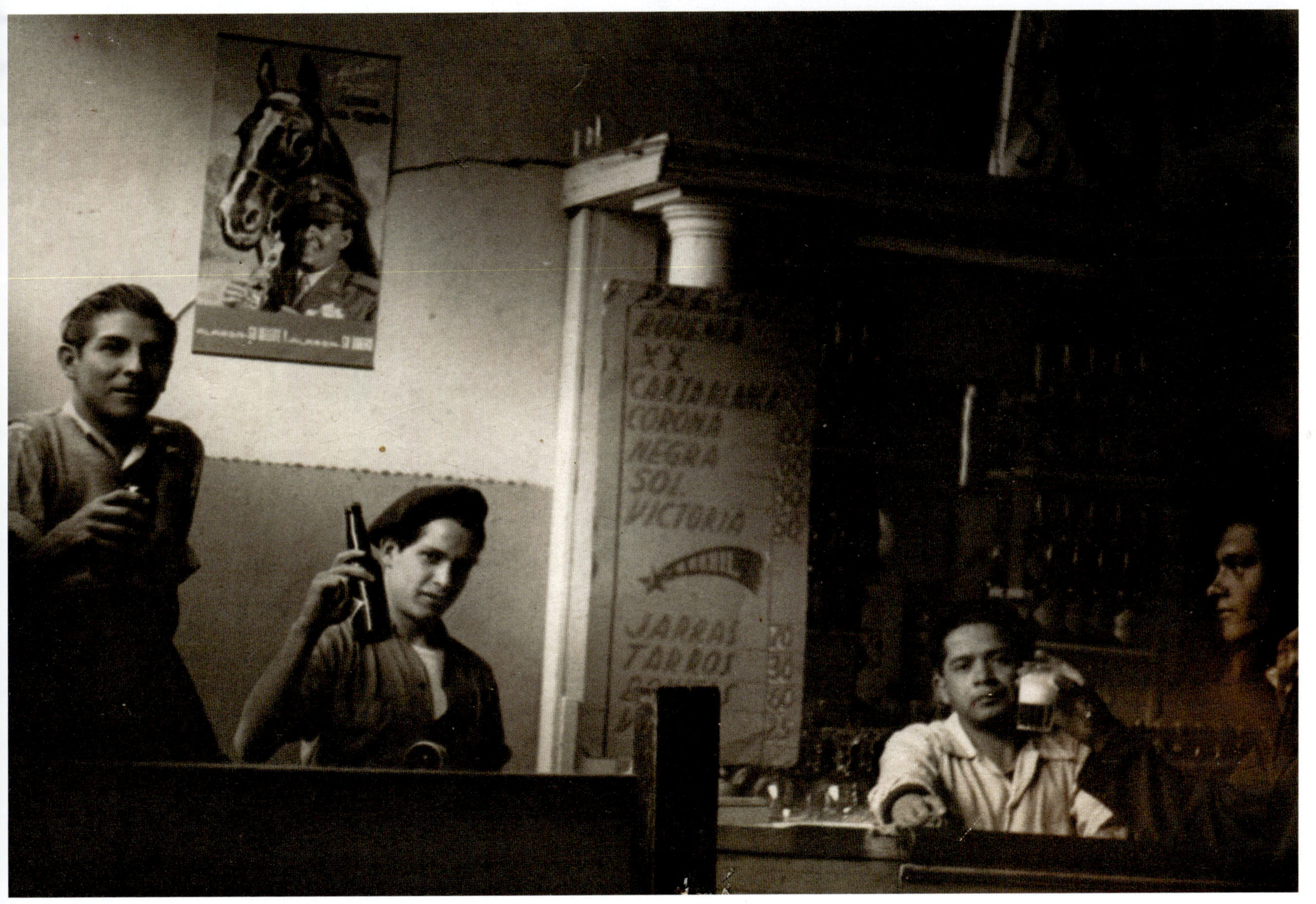
BOHEMIA
XX
CARTA BLANCA
CORONA
NEGRA
SOL
VICTORIA
JARRAS
TARROS

1950
1960
1970
1980

El reparto de comida en motocicletas y carromatos en la ciudad es más antiguo de lo que creemos. Diversas empresas que hoy en día, a través de aplicaciones, llevan a nuestros domicilios todo tipo de víveres y alimentos encuentran resonancia en esta cotidiana imagen del siglo pasado. En este caso, se trataba de materias primas o ingredientes de primera necesidad, como leche y huevos, que muy probablemente provenían de las decenas de establos, huertas y granjas que todavía se ubicaban en lo que entonces se consideraban los alrededores de la capital, como Xochimilco, Azcapotzalco, Iztapalapa o Coyoacán. Cuando vivían en la calle Sullana, en la colonia Lindavista, mi abuela y mi madre preparaban una deliciosa rosca de nuez o de naranja con la nata de esa leche de establo, entregada por el repartidor en la puerta de la casa. | IRP

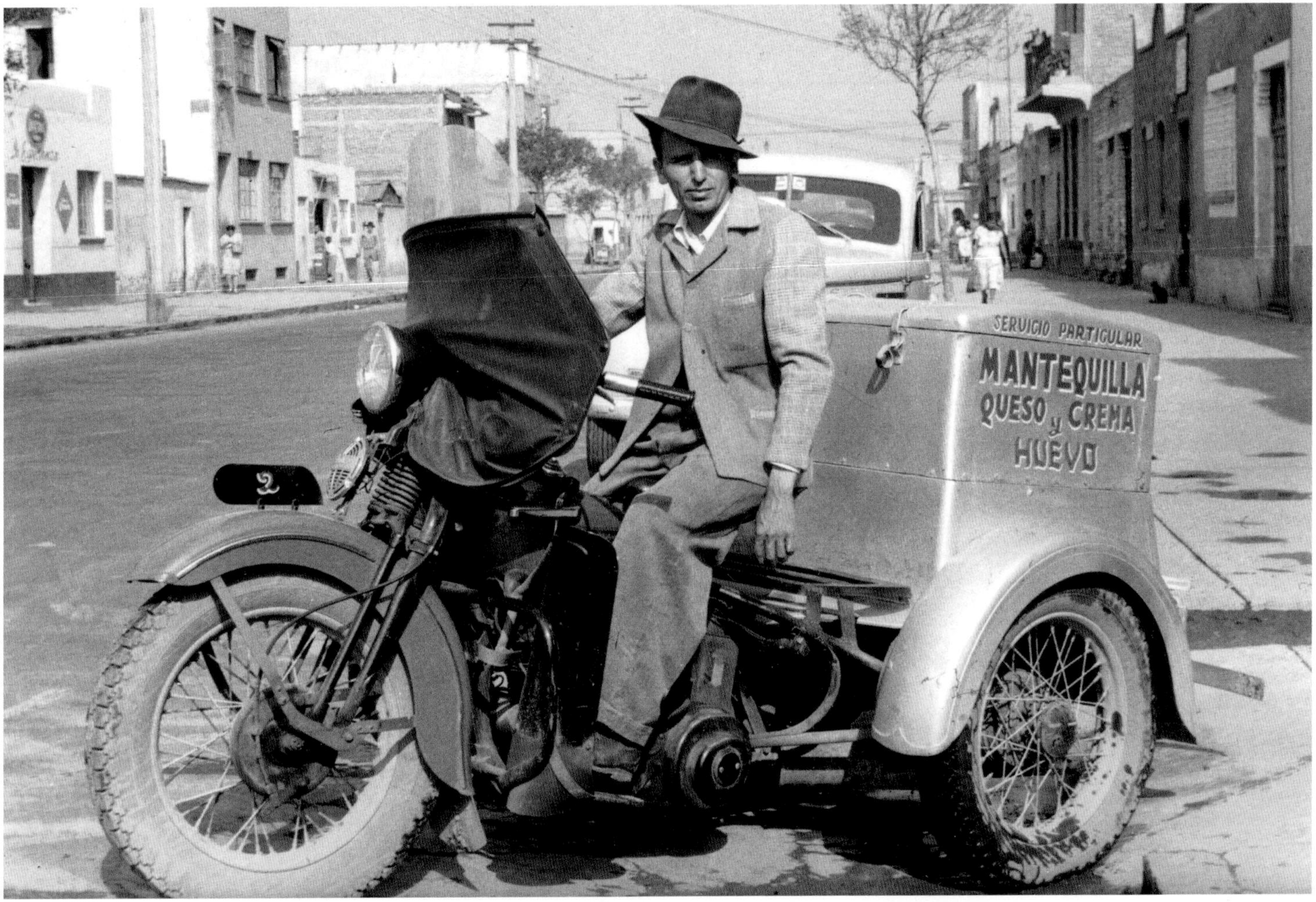

Un repartidor posa orgulloso en su tricimoto, con la que recorría las calles de la ciudad para llevar mantequilla, huevo, crema y otros alimentos hasta los hogares de los capitalinos.

1950 1960 1970 1980

La Alameda Central de la Ciudad de México es el parque más antiguo no solo de nuestro país sino también del continente americano, construido para embellecer la ciudad bajo el mandato del virrey Luis de Velasco II, en 1592. Su nombre se debe a los álamos que en él se plantaron inicialmente, pero que, debido a lo fangoso del terreno, tuvieron que ser sustituidos por fresnos. Durante siglos, entre árboles, esculturas y fuentes, ha sido uno de los lugares de paseo favoritos de los capitalinos y sus visitantes.

Y hablando de paseos, nada más democrático y equitativo que uno en bicicleta, pues hombres, mujeres y niños pueden disfrutar de este con el mismo júbilo y deleite. En esta imagen del siglo XX, este hecho, por suerte, se daba por sentado. Lejanos quedaban entonces los años del Porfiriato, cuando en la elegante Alameda, las «señoras y señoritas» no debían utilizar las bicicletas por pudor y recato. | IRP

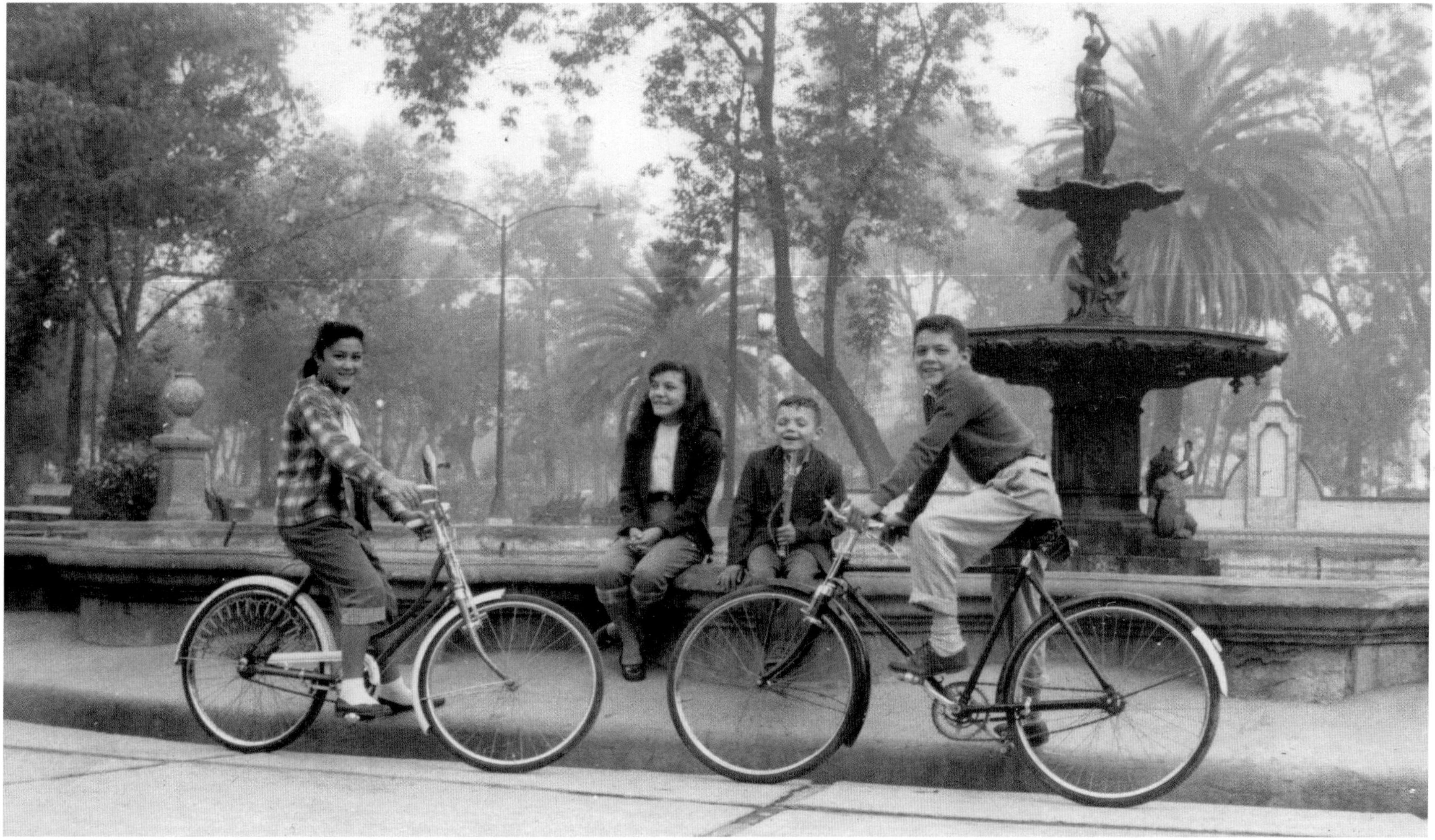

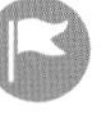

Risas, bicicletas y juventud; gratos recuerdos de un día en la Alameda Central que el tiempo congeló en esta bella estampa.

1950   1960   1970   1980

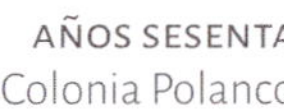

Un espectáculo de charrería en el extinto Rancho del Charro, que estaba ubicado
en la esquina de Ejército Nacional y la actual calle Schiller, en Polanco.

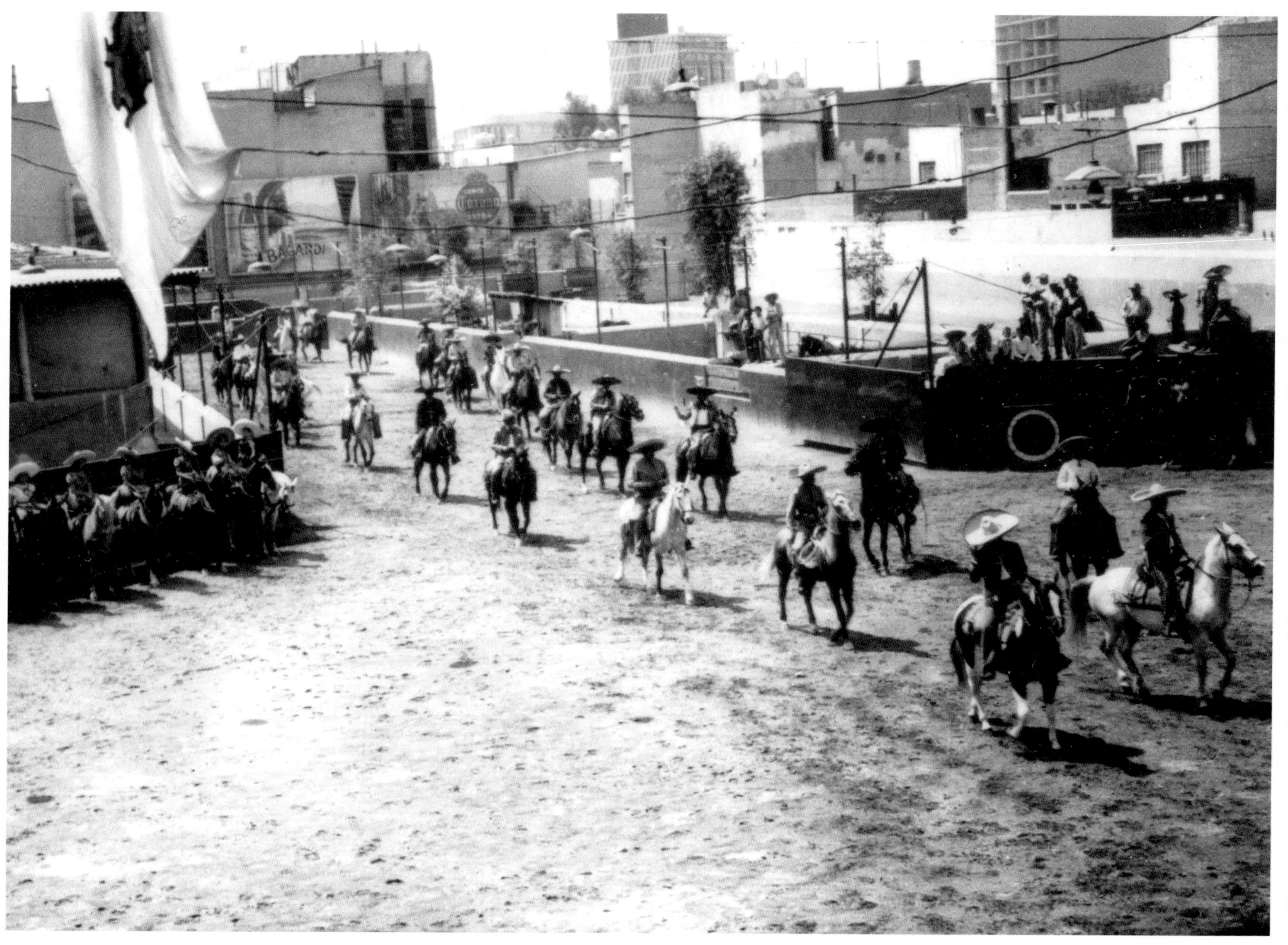

1950
1960
1970
1980

Un conductor de camión deja que un fotógrafo aficionado capture parte del control de mando de su unidad.

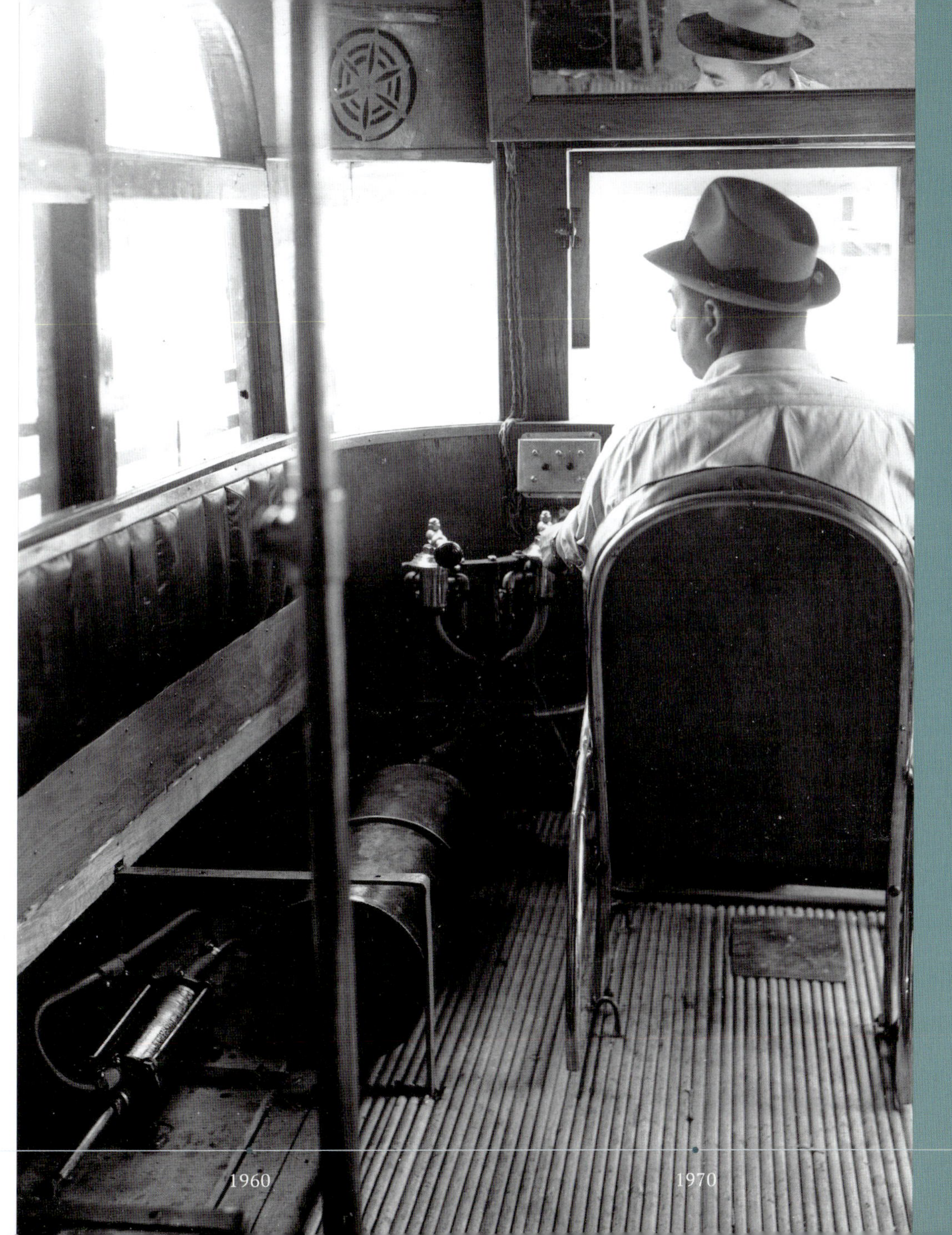

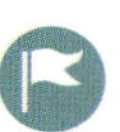

Una fotografía de la Plaza San Jacinto, en el barrio de San Ángel. Se aprecia un tranvía con dirección al Zócalo, y a la izquierda destaca el edificio que ahora alberga a los Baños Colonial.

1920   1930   1940

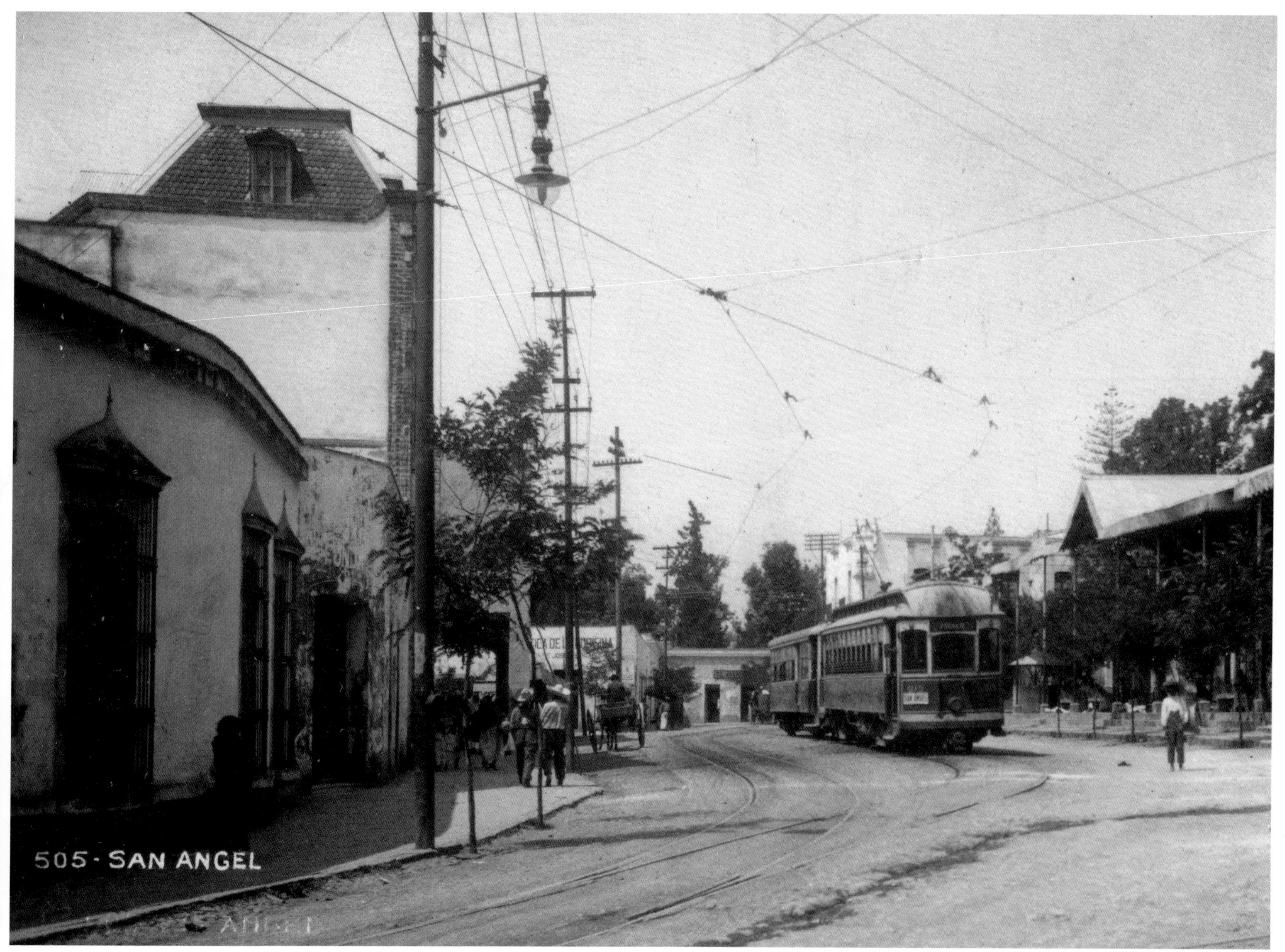

1950   1960   1970   1980

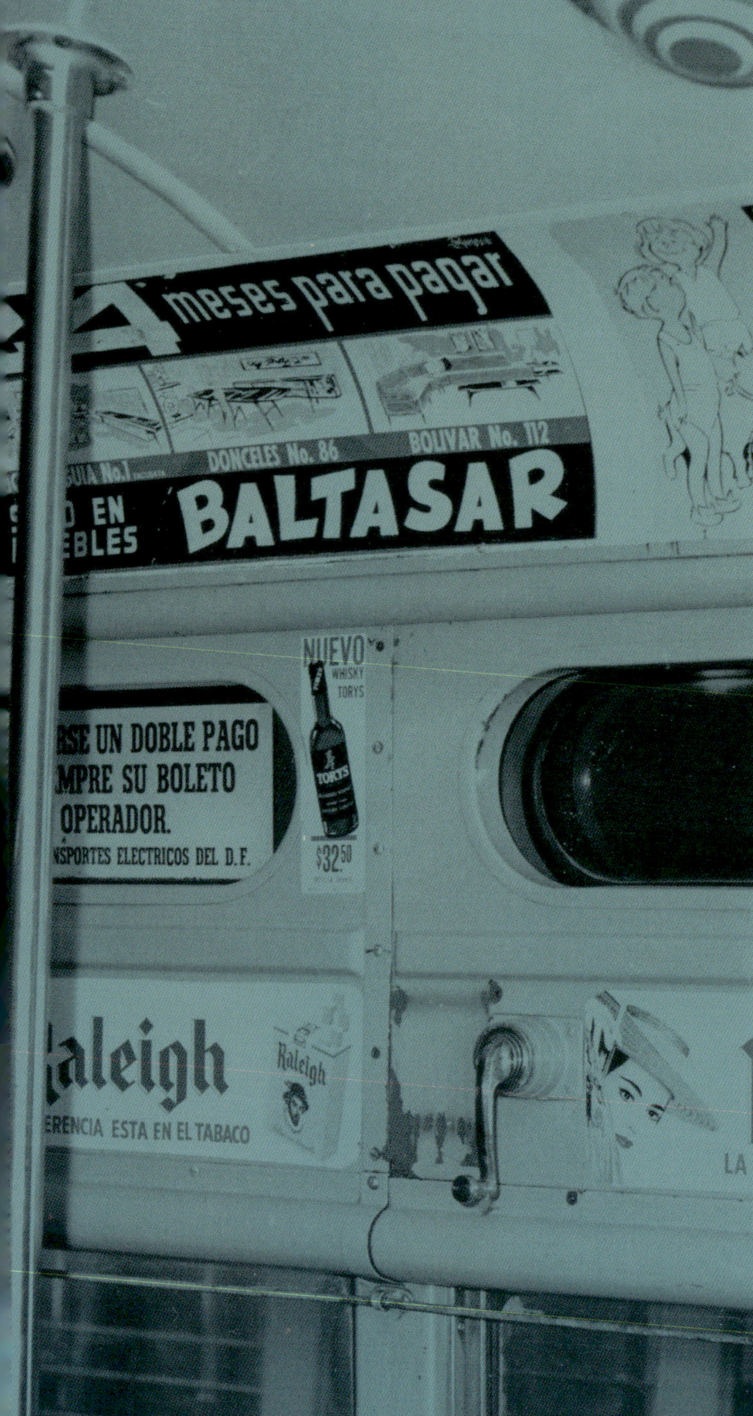

Muebles, cigarros y ropa: así era la publicidad al interior de los tranvías que recorrían las vialidades más importantes de la capital.

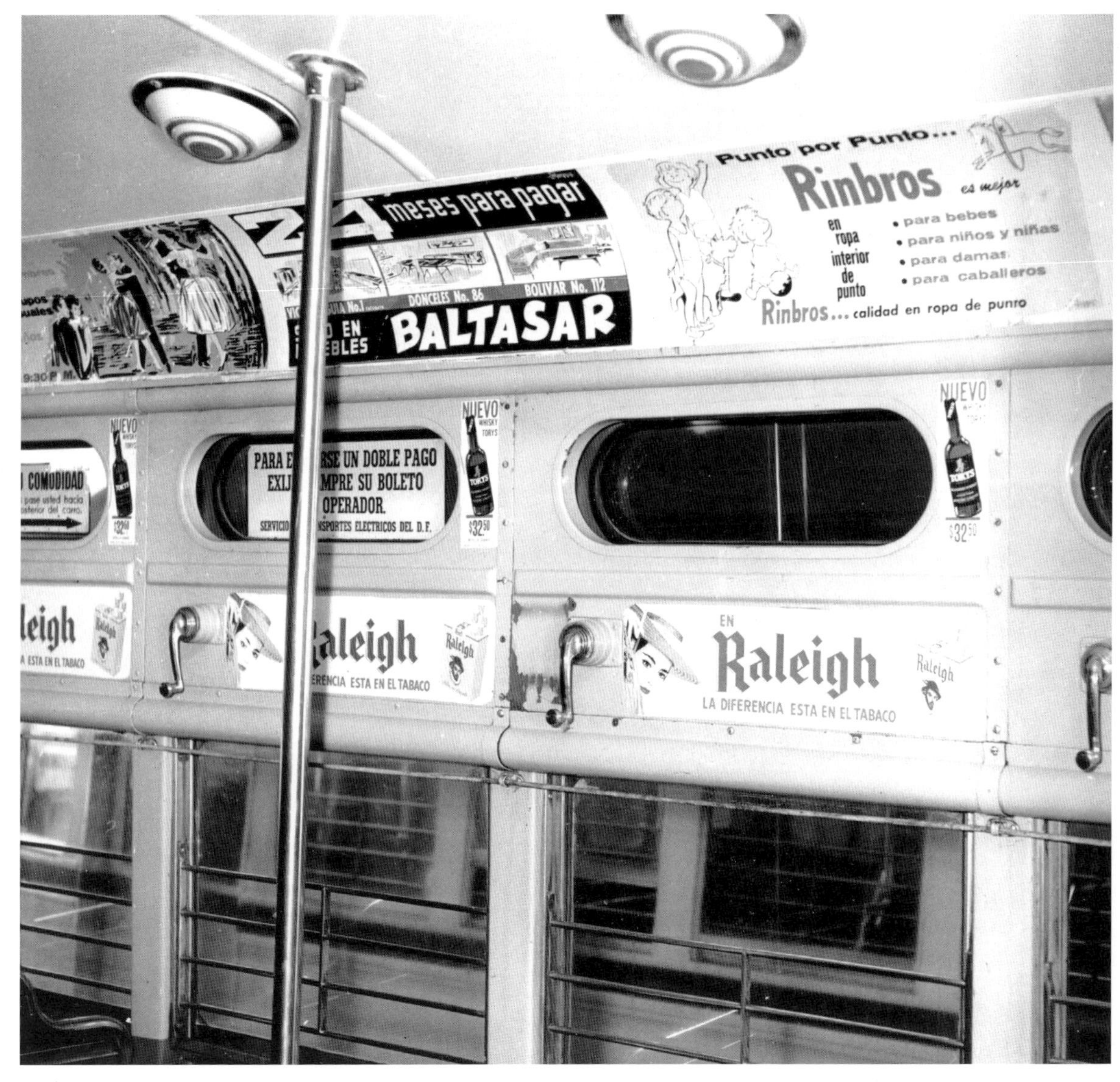
meses para pagar
DONCELES No. 86
BOLIVAR No. 112
BALTASAR
9:30 P.M.
Punto por Punto...
Rinbros es mejor
en ropa interior de punto
• para bebes
• para niños y niñas
• para damas
• para caballeros
Rinbros... calidad en ropa de punto
COMODIDAD
pase usted hacia interior del carro.
PARA EVITARSE UN DOBLE PAGO EXIJA SIEMPRE SU BOLETO AL OPERADOR.
SERVICIO DE TRANSPORTES ELECTRICOS DEL D.F.
NUEVO WHISKY TORYS
$32.50
NUEVO
$32.50
EN Raleigh
LA DIFERENCIA ESTA EN EL TABACO
Raleigh

Un tranvía sobre Calzada de Tlalpan en donde años más tarde, por el mismo trazo, circularía la Línea 2 del Metro. En el costado izquierdo, se alcanza a ver una escalinata que conducía a los andenes; ahora son pasos subterráneos que permiten cruzar la calzada.

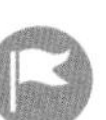

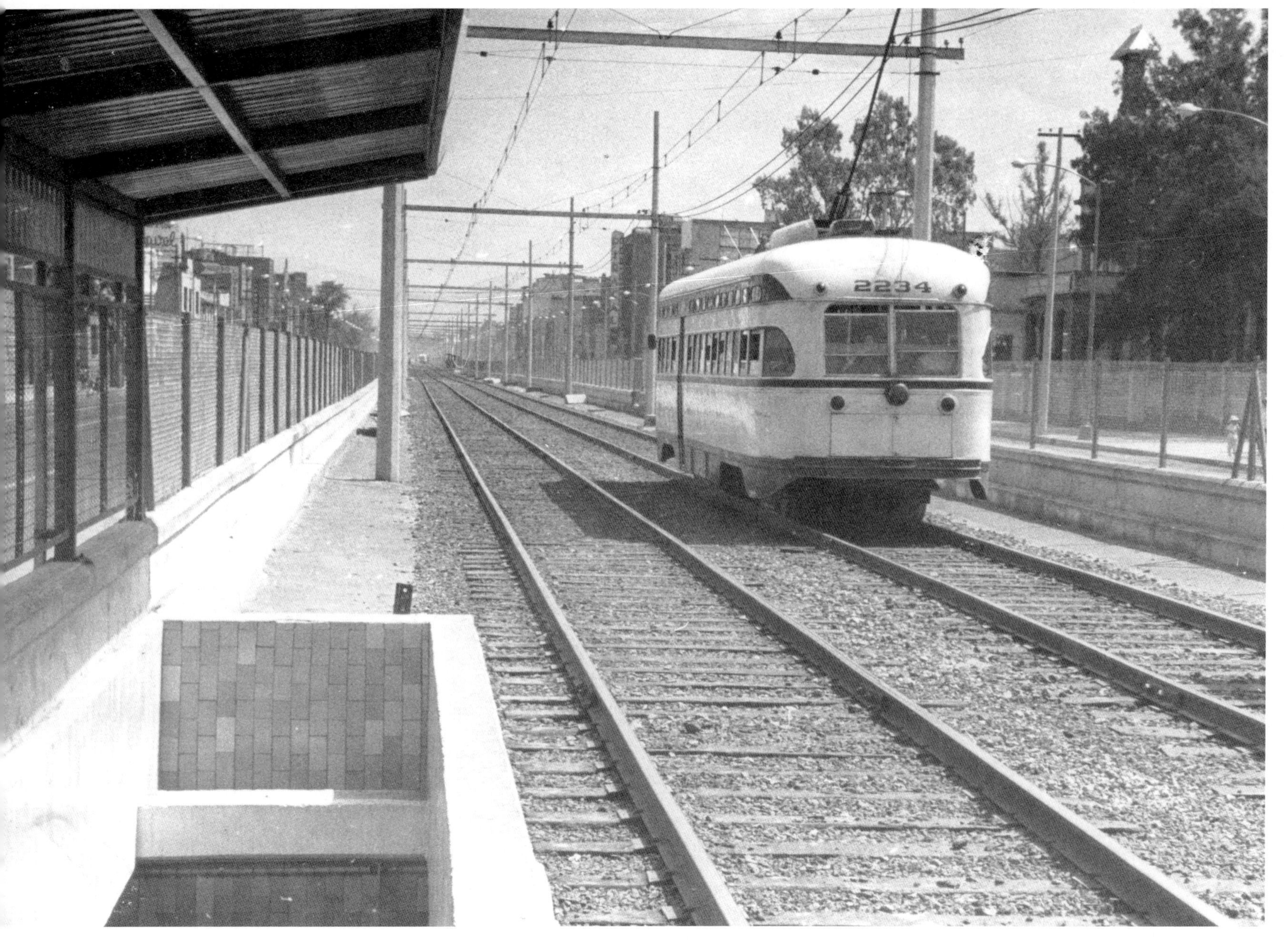

1950 1960 1970 1980

Un jovencito sueña con ser grande y conducir. En lo que llega ese momento, se da por bien servido al aparecer en este retrato destinado a la posteridad.

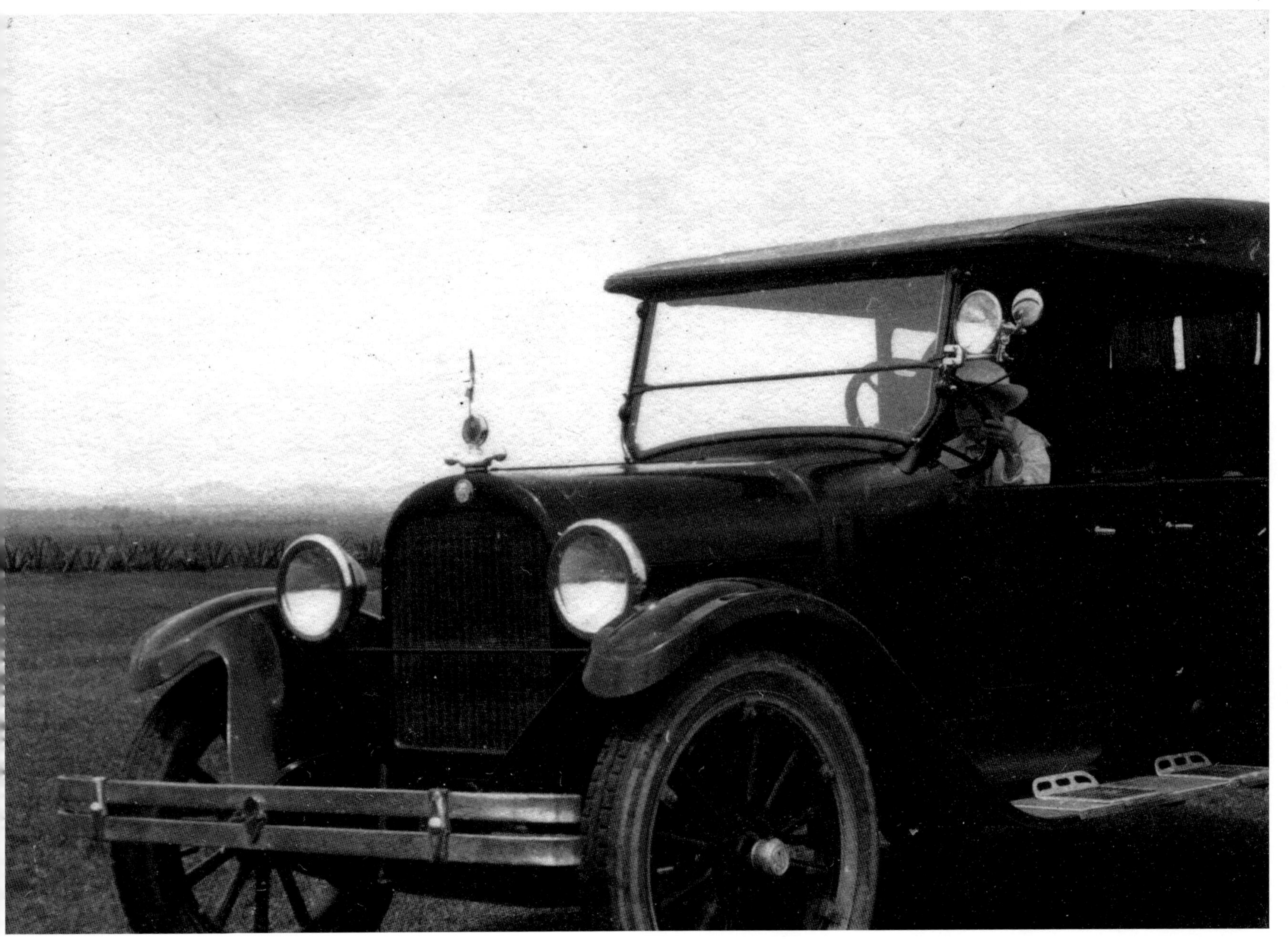

1950
1960
1970
1980

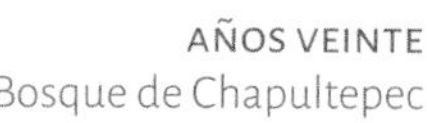

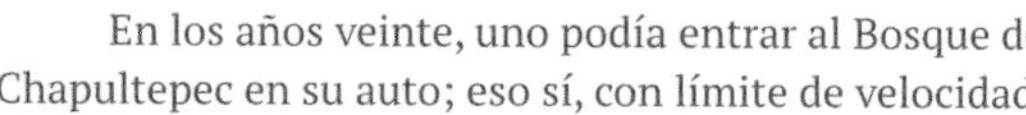

En los años veinte, uno podía entrar al Bosque de Chapultepec en su auto; eso sí, con límite de velocidad.

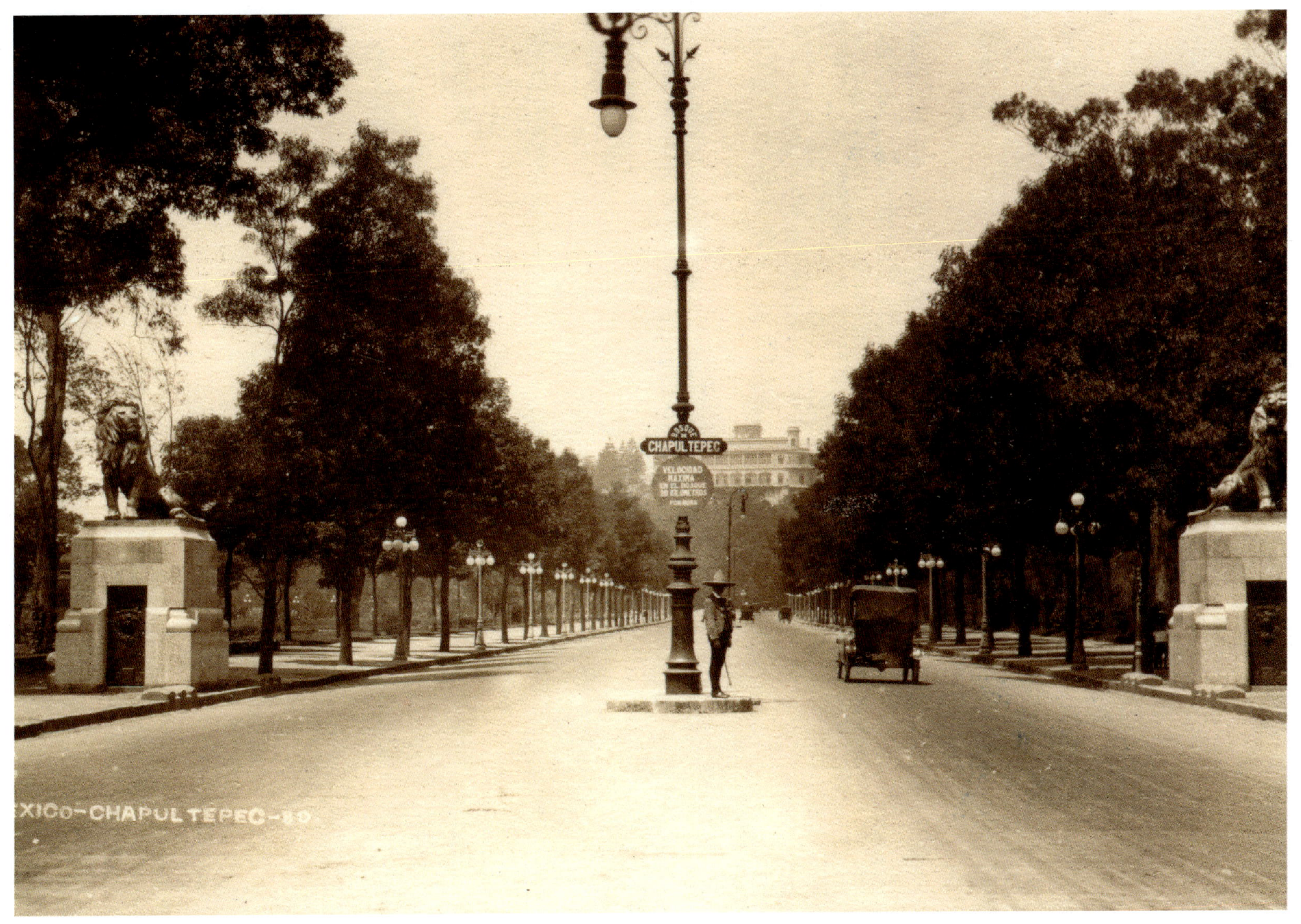

1950   1960   1970   1980

El actual y muy afamado restaurante San Ángel Inn abrió sus puertas al público en 1963, en los terrenos de lo que en otro tiempo fuera la Hacienda de Goicoechea, dedicada a la producción pulquera. La propiedad, con su magnífica casona de reposo «para mudar de temperamento», fue construida en el antiquísimo y tranquilo poblado de San Ángel sobre los restos de la antigua casa y huertas de la finca de Nuestra Señora de Santa Ana, y fue adquirida en 1777 por el exitoso comerciante Ramón Goicoechea. En 1906, la compañía estadounidense San Angel Land Company adquirió la hacienda y estableció allí un hotel con el adjetivo *Inn* («posada» en inglés). La imagen muestra el paraje campirano, la estación de transportes y la arcada del inmueble a principios del siglo XX, cuando los modernos automóviles comenzaban a inundar los caminos. | IRP

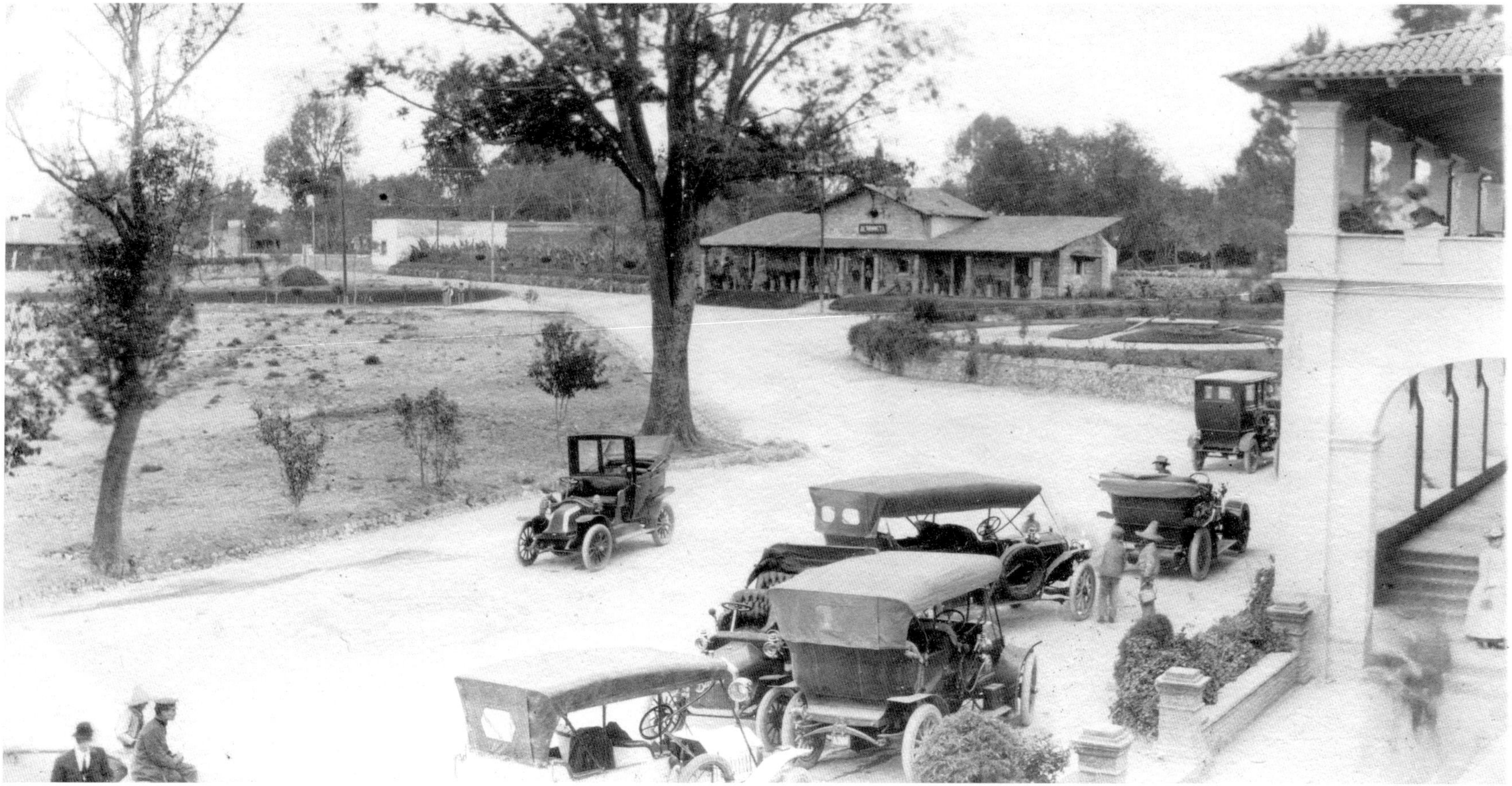

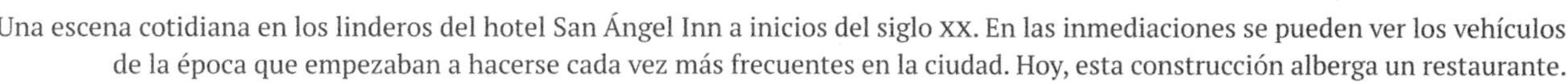

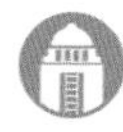
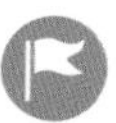

Una escena cotidiana en los linderos del hotel San Ángel Inn a inicios del siglo XX. En las inmediaciones se pueden ver los vehículos de la época que empezaban a hacerse cada vez más frecuentes en la ciudad. Hoy, esta construcción alberga un restaurante.

1930   1940   1950   1960

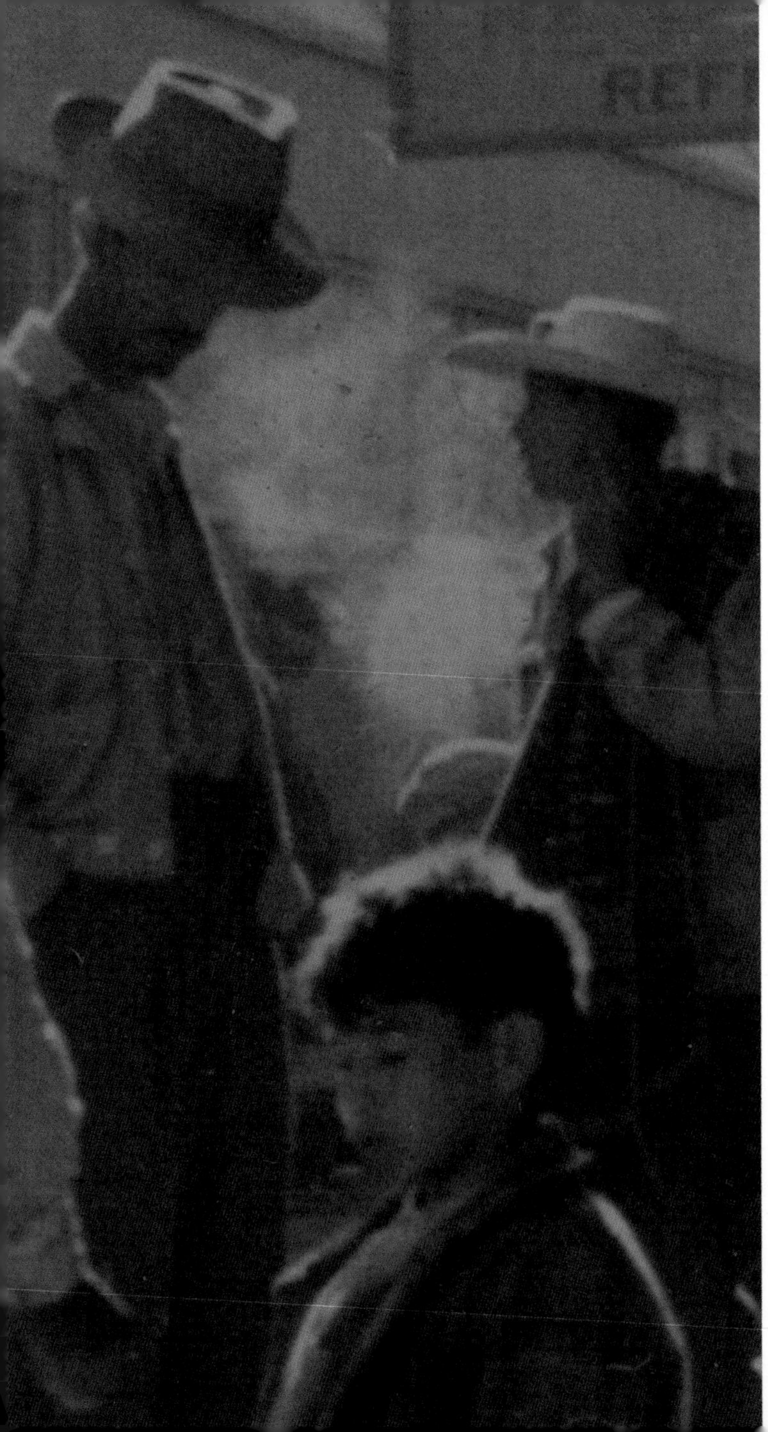

Un hombre se inclina para dejarle unas monedas a un niño que estira la mano, en una conmovedora escena. Un gesto de bondad que aún es común presenciar en las calles de nuestra ciudad.

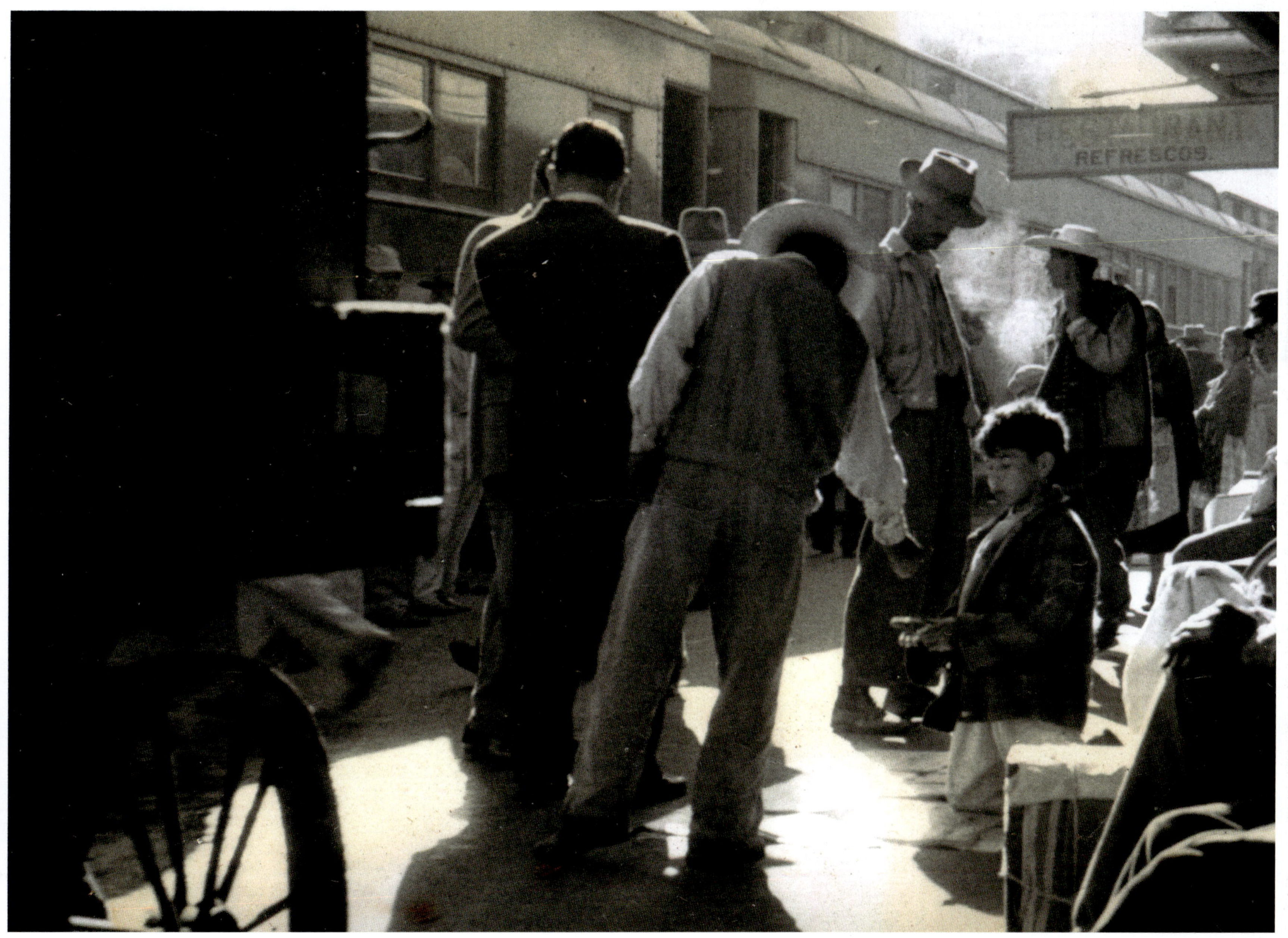
REFRESCOS.

Una fotografía de la antigua estación Buenavista, actual terminal del Tren Suburbano. Al fondo, se observa la Torre Insignia de Mario Pani, también conocida como Torre Banobras, que ahora alberga oficinas de la Secretaría de Salud de la CDMX.

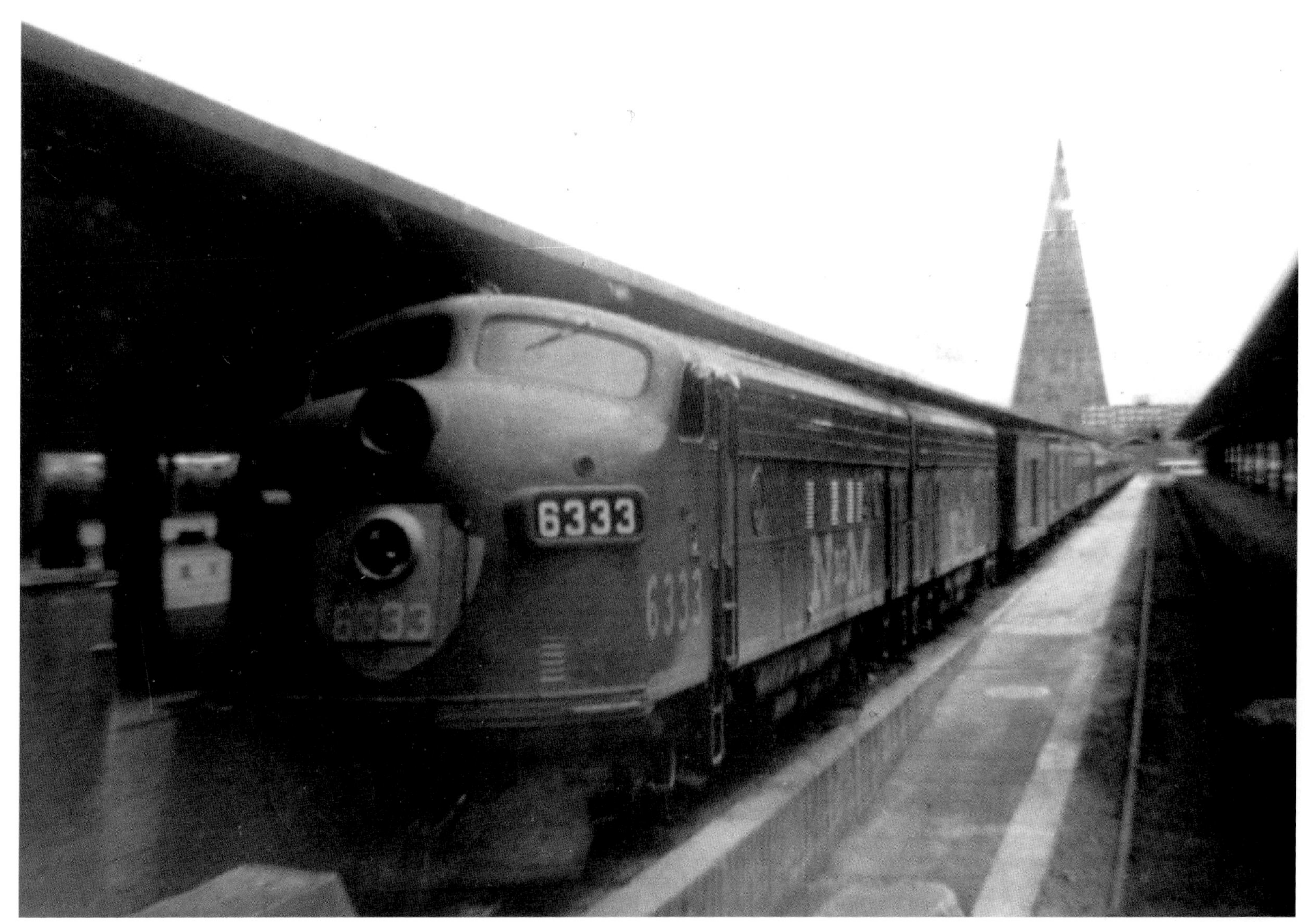

1950 1960 1970 1980

Un policía de los años cincuenta, a bordo de su patrulla, posa orgulloso con su uniforme. Fue en esa década cuando las patrullas comenzaron a lucir una llamativa sirena en la parte superior.

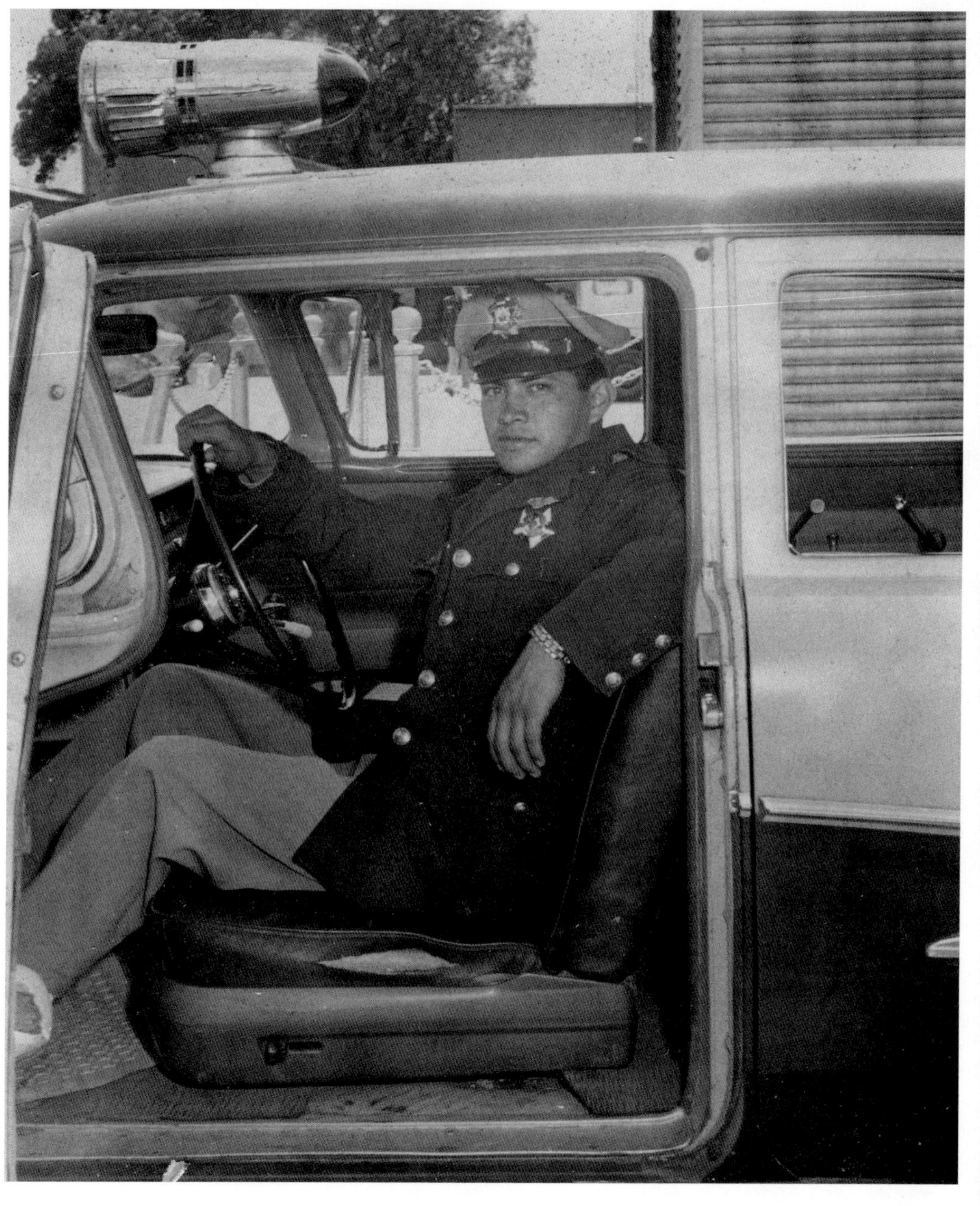

1950
1960
1970
1980

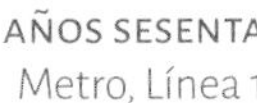

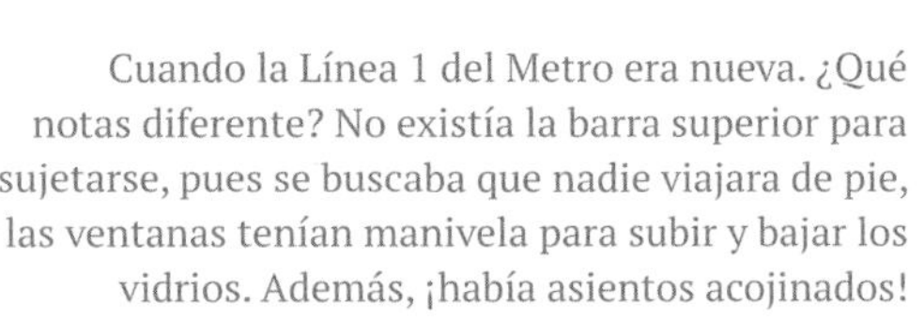

Cuando la Línea 1 del Metro era nueva. ¿Qué notas diferente? No existía la barra superior para sujetarse, pues se buscaba que nadie viajara de pie, y las ventanas tenían manivela para subir y bajar los vidrios. Además, ¡había asientos acojinados!

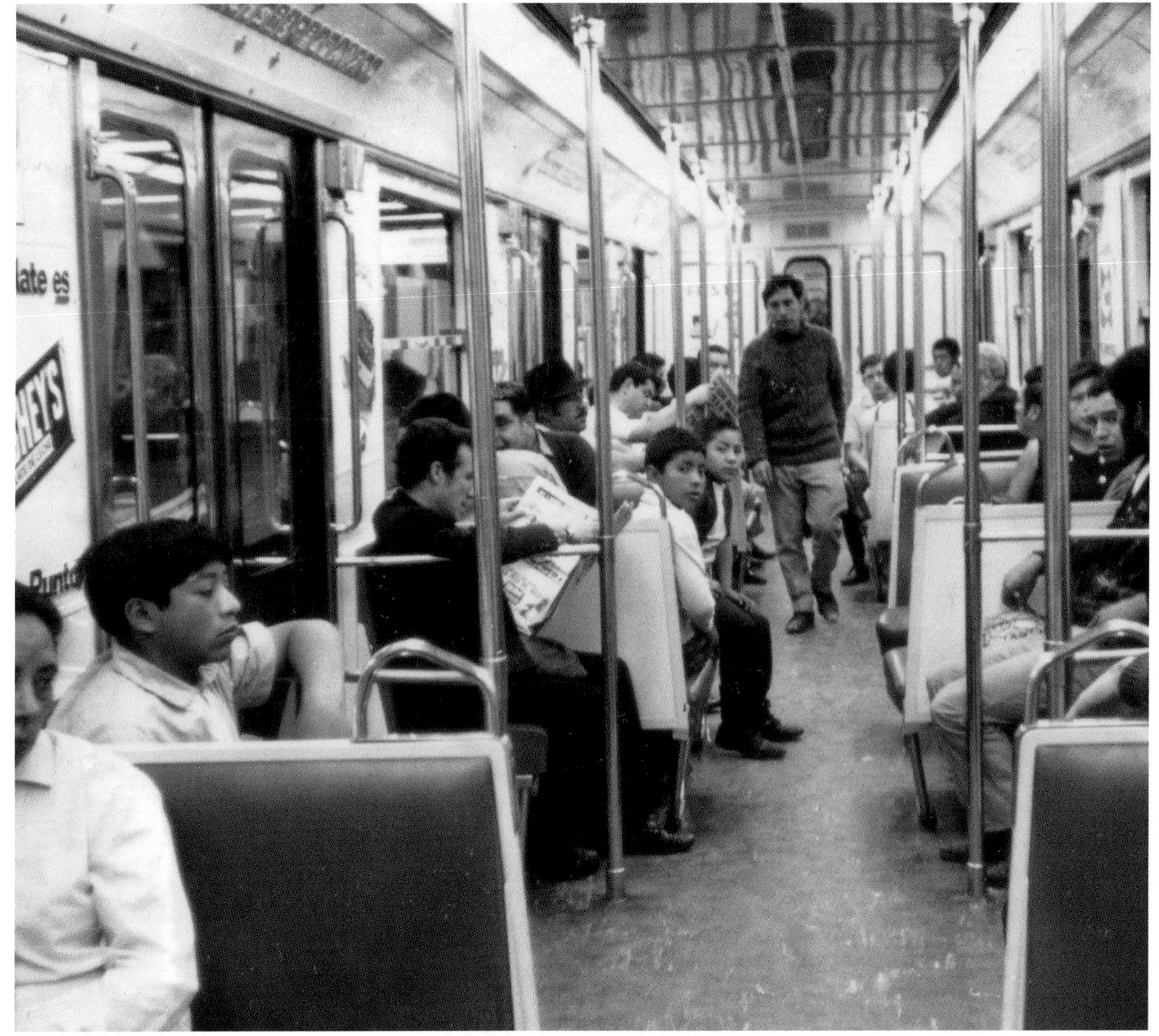

1950   1960   1970   1980

El transporte público ha sido siempre parte fundamental de la vida cotidiana de los capitalinos. El nivel de modernidad y calidad de vida de los ciudadanos se ha visto reflejado en la capacidad de contar con una accesible y eficiente red de movilidad, como se aprecia en esta imagen. Así, las lejanas diligencias, los tranvías —primero de mulitas y luego eléctricos—, los trolebuses, los modernos camiones de motor diésel o de gasolina —como las «vitrinas» que aparecen en esta fotografía—, las combis, los colectivos y los peseros, el Metro, el Metrobús y el Cablebús han sido testigos del ir y venir de millones de personas que habitan, recorren, sufren y disfrutan esta inmensa urbe. Personalmente, recuerdo dos tipos de camiones: aquellos que llamábamos «delfines», por el emblema del mamífero marino adherido en su costado, y otros que apodábamos «ballenas». | IRP

Una flotilla de camiones conocidos como «vitrinas» por sus grandes parabrisas, decorados con arreglos florales para la obligada bendición que se les echaba antes de que empezaran a circular por la ciudad.

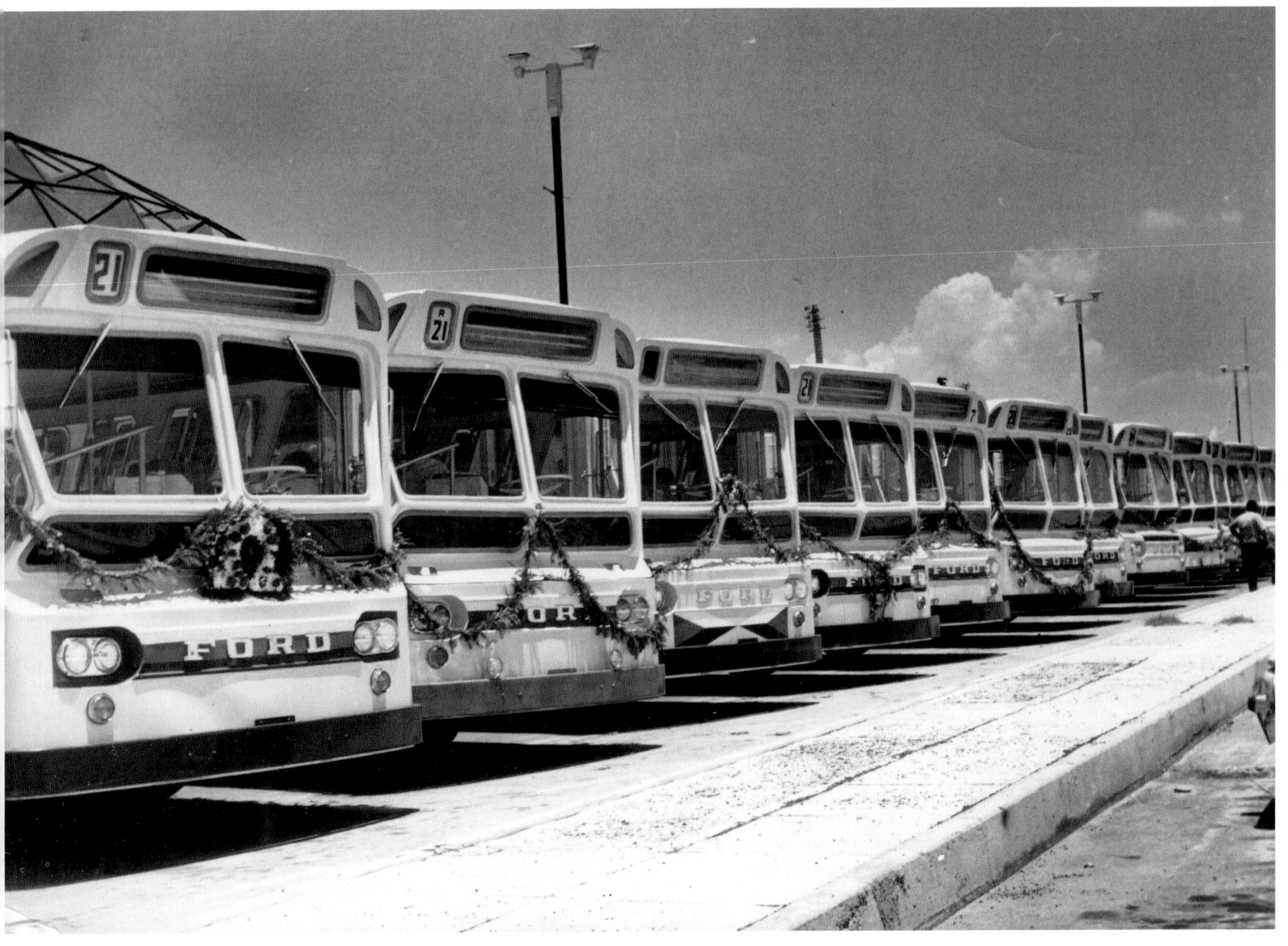

1950   1960   1970   1980

¿Nieve en la Ciudad de México? Pues sí, en enero de 1967, las calles de la capital se cubrieron de blanco, y esta foto de un vochito da testimonio de ese suceso, seguramente inolvidable para quienes tuvieron la oportunidad de presenciarlo.

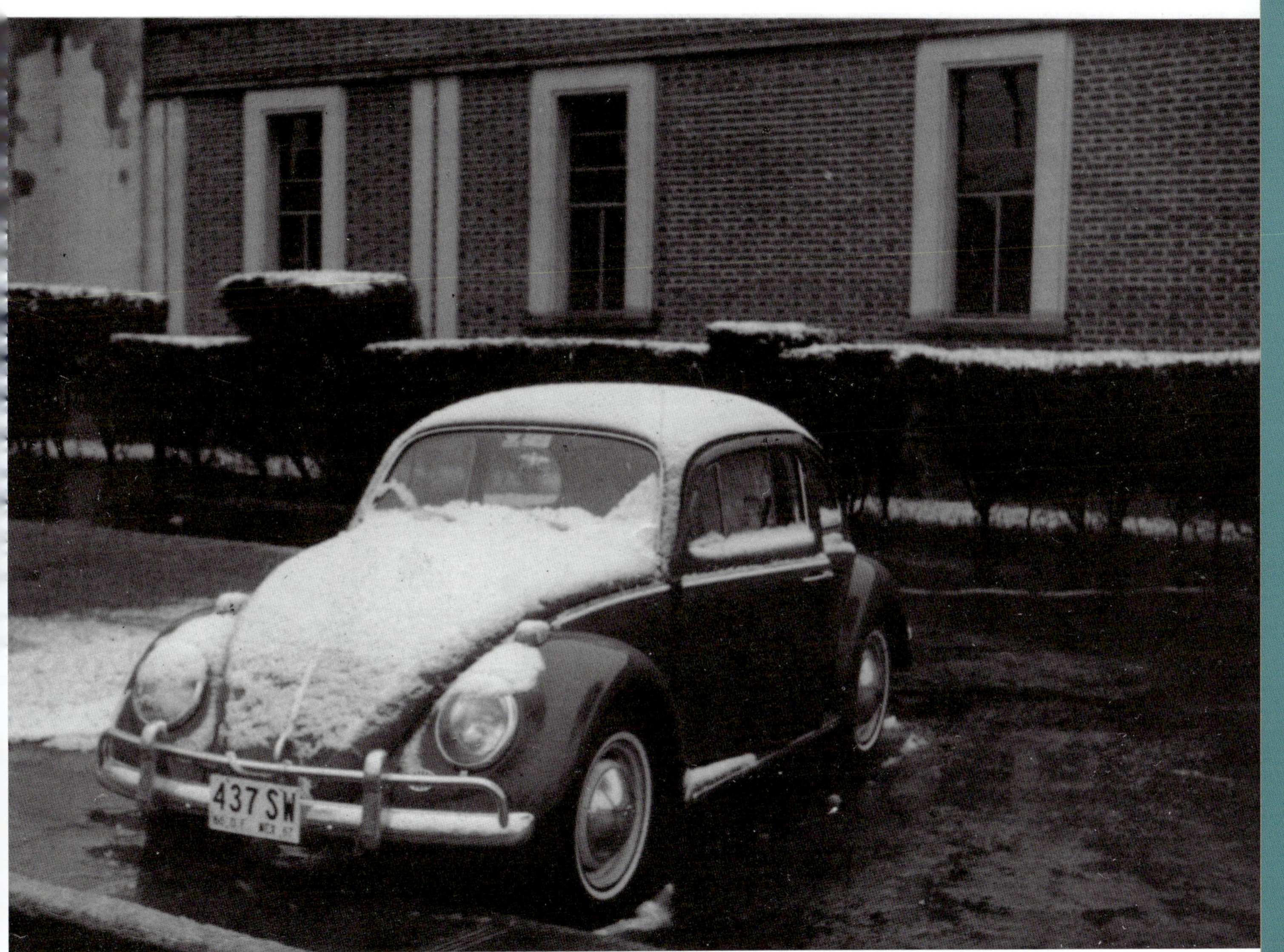
437 SW

Los taxis que llevaban a cuantos usuarios cupieran en su interior «por un peso la dejada» —de ahí el nombre de «peseros» o «peseras», cuando se empezaron a utilizar combis y camionetas para el transporte— resultaron ser una opción muy popular para economizar el día a día de los capitalinos. En las películas de las décadas de 1950 y 1960, podemos observar a estos amplios automóviles circular por las calles, llenas de bullicio e inundadas de vistosos anuncios. Una señal sobre el techo de estos vehículos alumbraba la palabra «libre» si iban desocupados. Mi padre me platicaba que, para utilizar un taxi, se acostumbraba decir de manera coloquial: «Pide un libre» o «Detén al cocodrilo», en referencia a los grandes autos de color verde oscuro, con triángulos laterales en blanco y negro desde la cajuela hasta el cofre, que en los años cincuenta surcaban calles y avenidas. | IRP

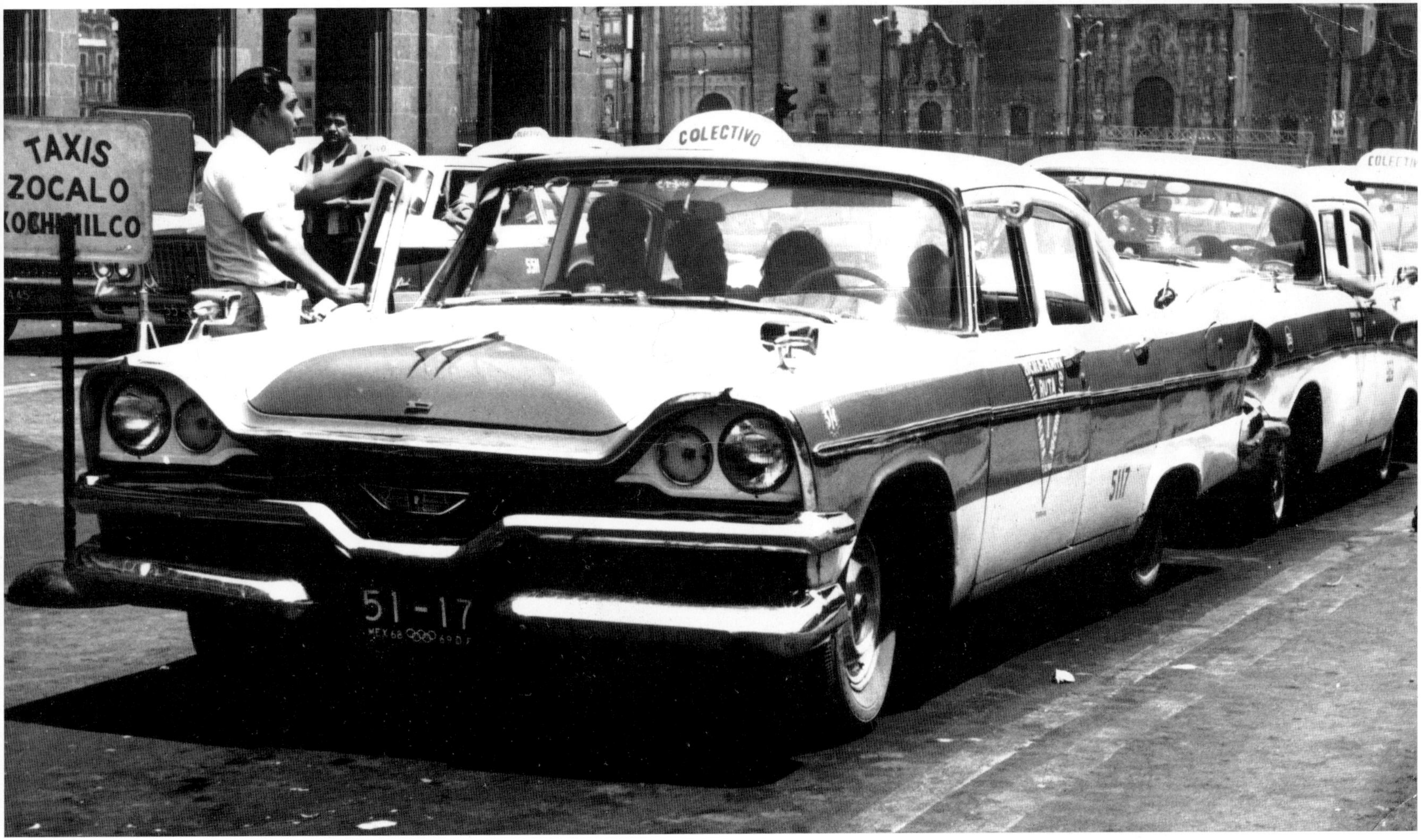

Una antigua base de taxis colectivos en el Centro Histórico. Lo que caracterizaba a estas unidades eran sus bajos costos y el hecho de que podían subir a ellos tantos pasajeros como cupieran a bordo.

1950   1960   1970   1980

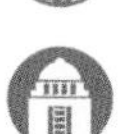
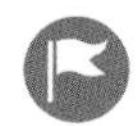

La calle Plateros, hoy Francisco I. Madero, vista desde el Zócalo, a inicios del siglo XX. Destaca el policía de tránsito, que cumplía la función que hoy tienen los semáforos. A la izquierda se alcanza a ver el Portal de Mercaderes, y a la derecha, la antigua sedería El Paje.

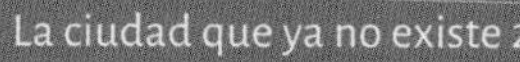

1920   1930   1940

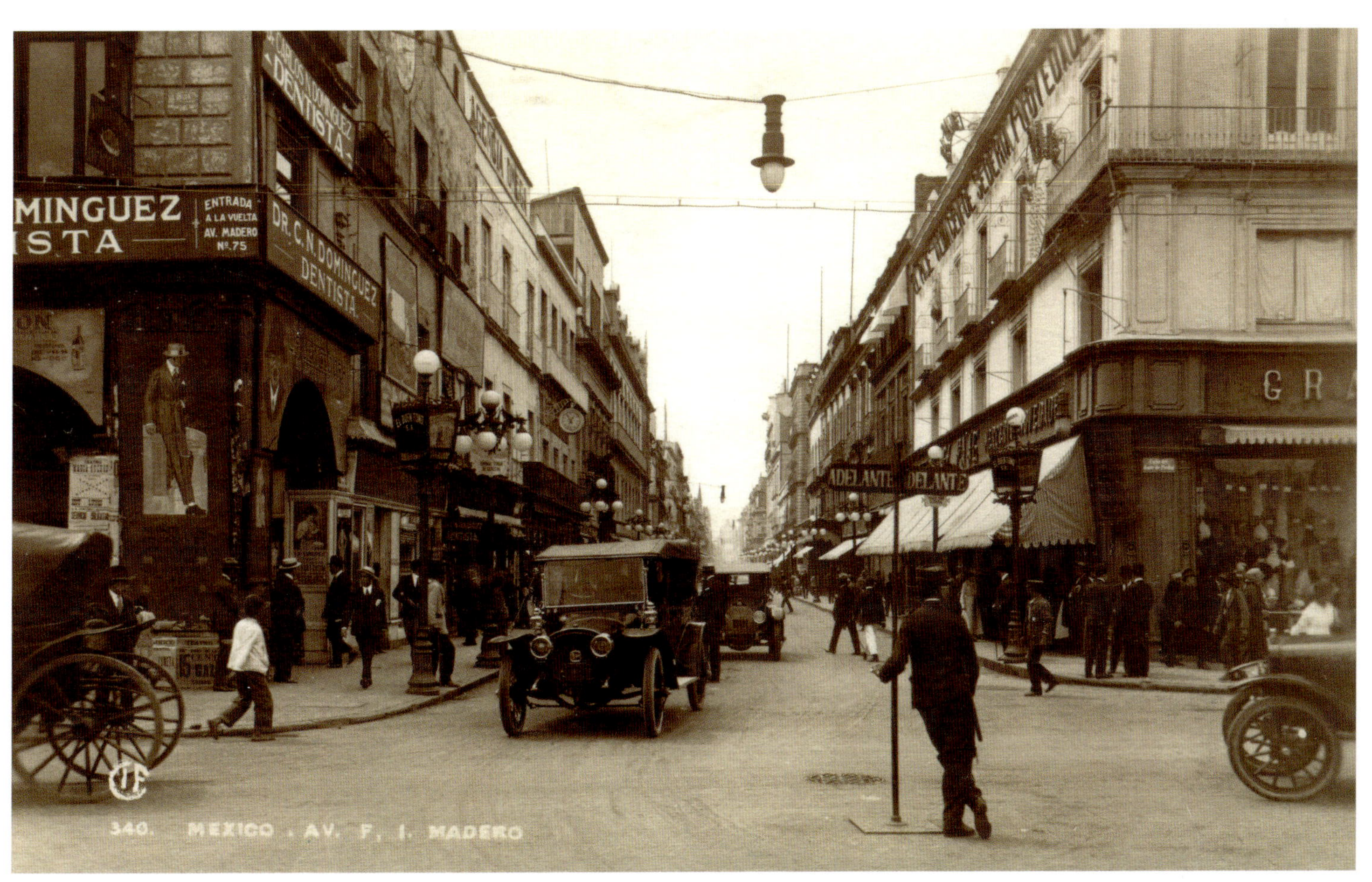

1950   1960   1970   1980

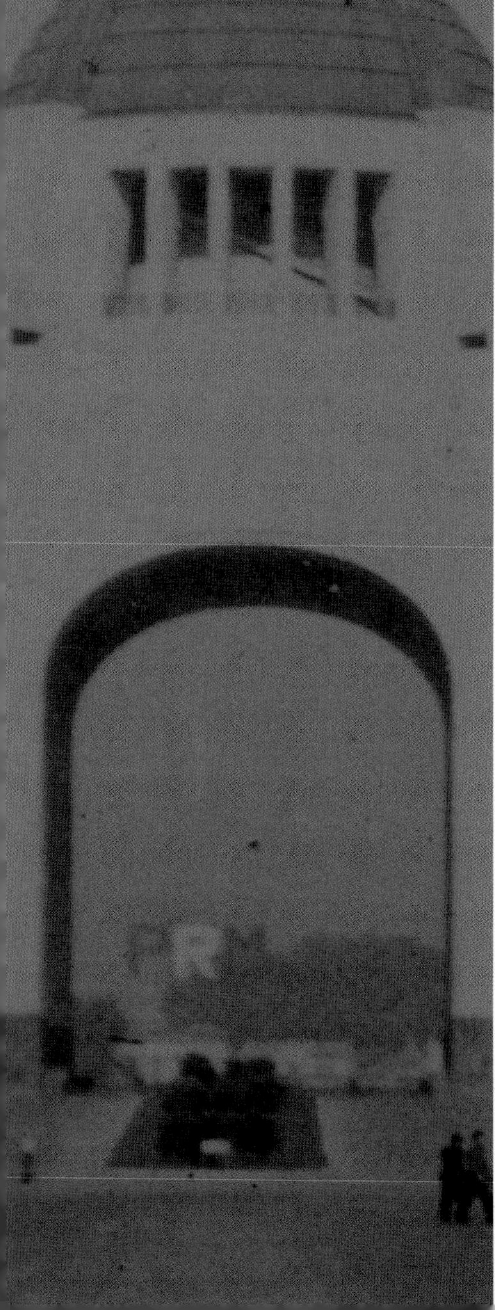

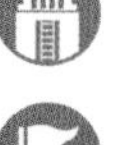
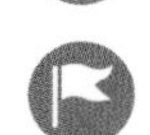

Así lucían los alrededores del Monumento a la Revolución cuando todavía se podía circular en auto debajo de la construcción, incluso había una jardinera en el medio. Llama la atención lo despejada que se ve la Plaza de la República, que entonces se llamaba avenida del Ejido, en contraste con el tráfico actual.

1930   1940

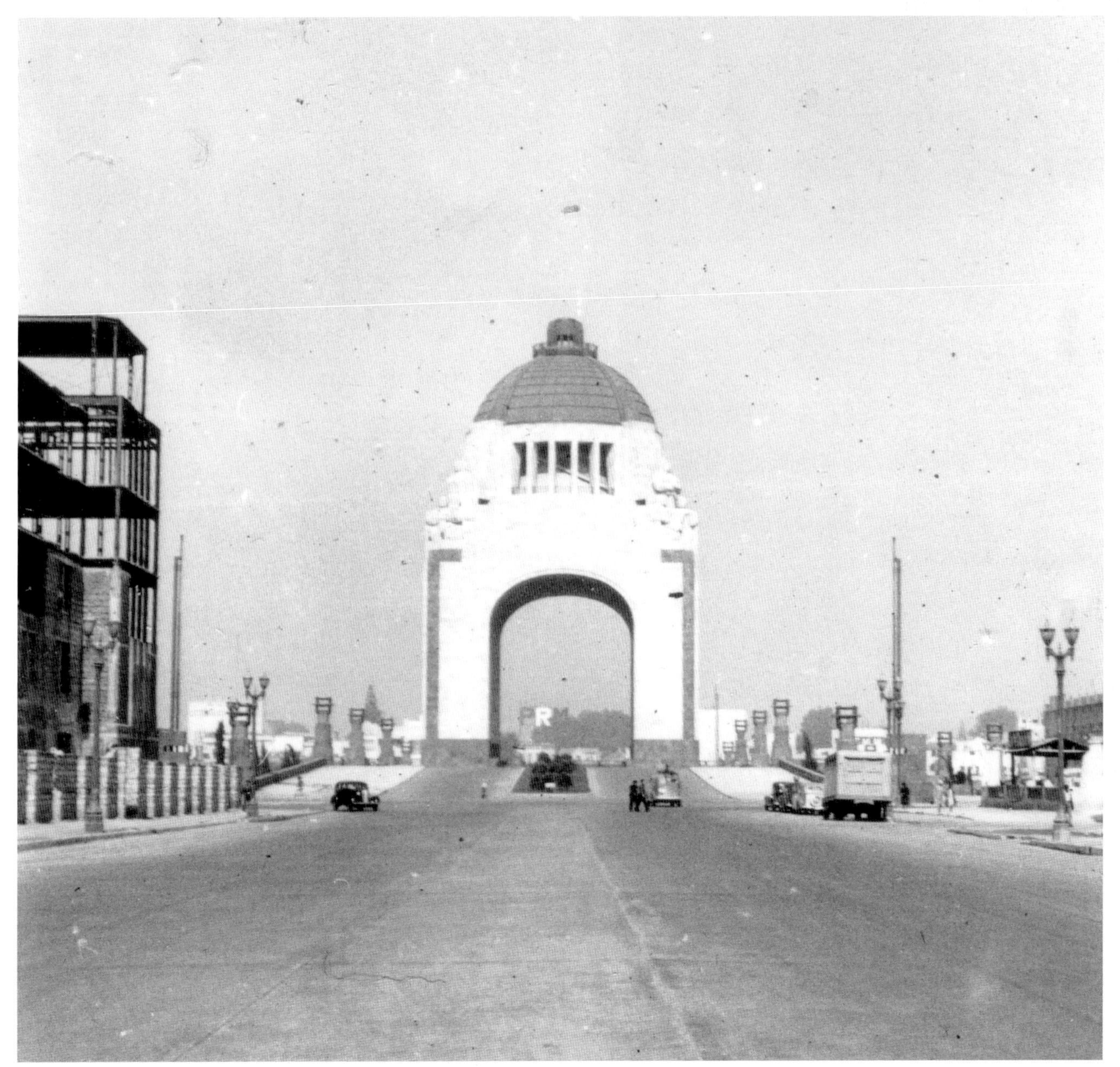

1950 1960 1970 1980

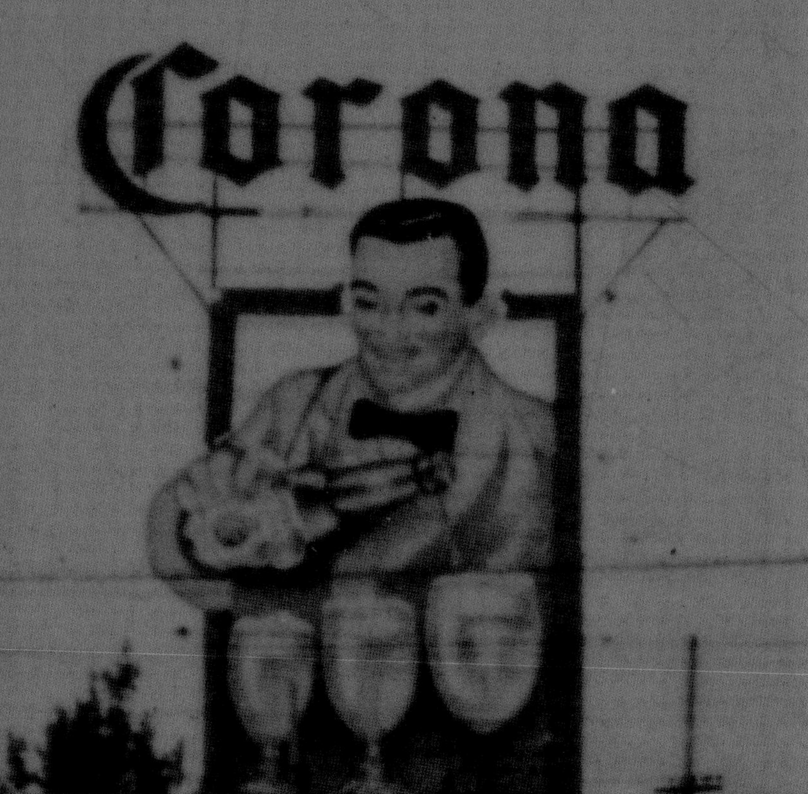

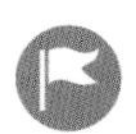

Un espectacular de la marca de cerveza Corona
domina el paisaje del Boulevard Puerto Aéreo.

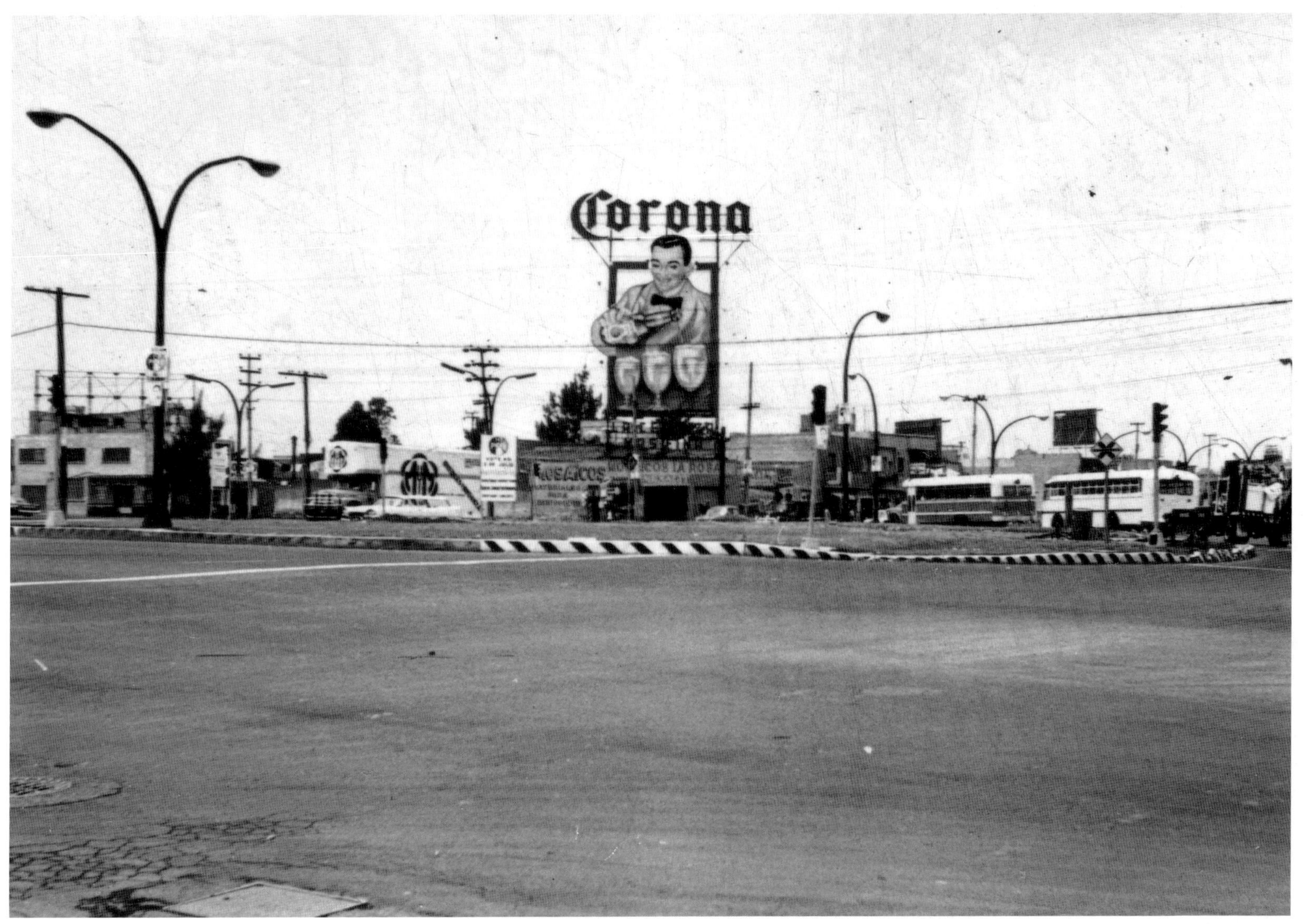

1950   1960   1970   1980

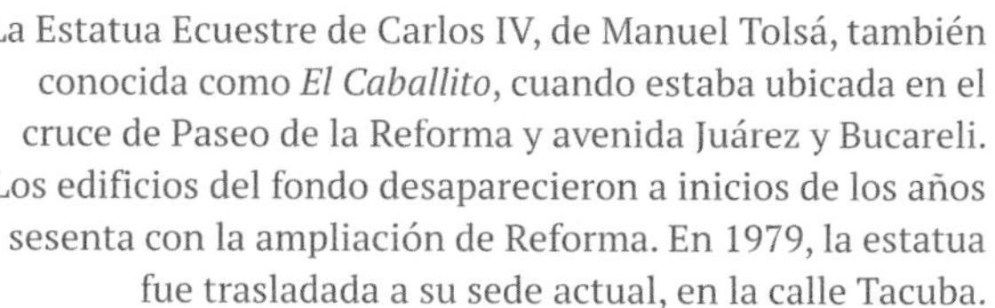

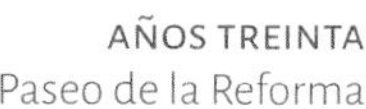

La Estatua Ecuestre de Carlos IV, de Manuel Tolsá, también conocida como *El Caballito*, cuando estaba ubicada en el cruce de Paseo de la Reforma y avenida Juárez y Bucareli. Los edificios del fondo desaparecieron a inicios de los años sesenta con la ampliación de Reforma. En 1979, la estatua fue trasladada a su sede actual, en la calle Tacuba.

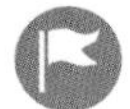

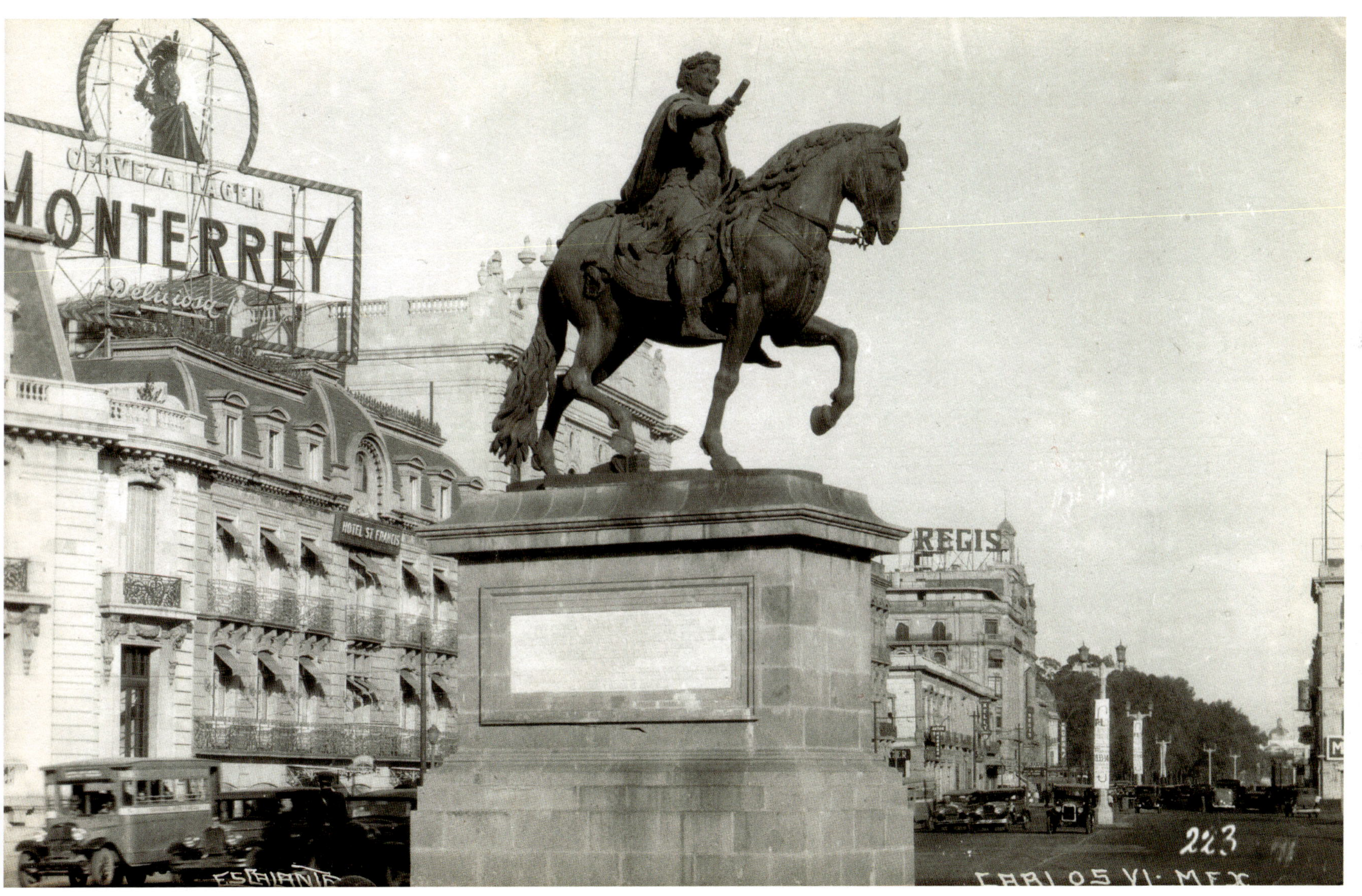

1950   1960   1970   1980

Imponentes representaciones de Itzcóatl y Ahuízotl, el cuarto y el octavo *tlatoani* —o emperador— de México-Tenochtitlan, respectivamente, realizadas por el escultor y pintor mexicano Alejandro Casarín Salinas para el pabellón de México en la Exposición Universal de París, en 1889. Las enormes esculturas de bronce —4 m de altura y 3 t de peso— fueron diseñadas para representar a nuestro país en el destacado evento internacional de fin de siglo, a través de un homenaje a nuestro pasado indígena. Para el presidente Porfirio Díaz, que en esa época gobernaba el país, las culturas prehispánicas eran motivo de gran orgullo. Pero solo en apariencia, ya que, al igual que ocurrió con las comunidades indígenas vivas durante su dictadura y las siguientes décadas, las colosales esculturas cayeron en el abandono, al punto de que, por el color que la pátina del tiempo dejó caer sobre el bronce del que están hechas, la gente empezó a referirse a ellas simplemente como los «Indios Verdes». | IRP

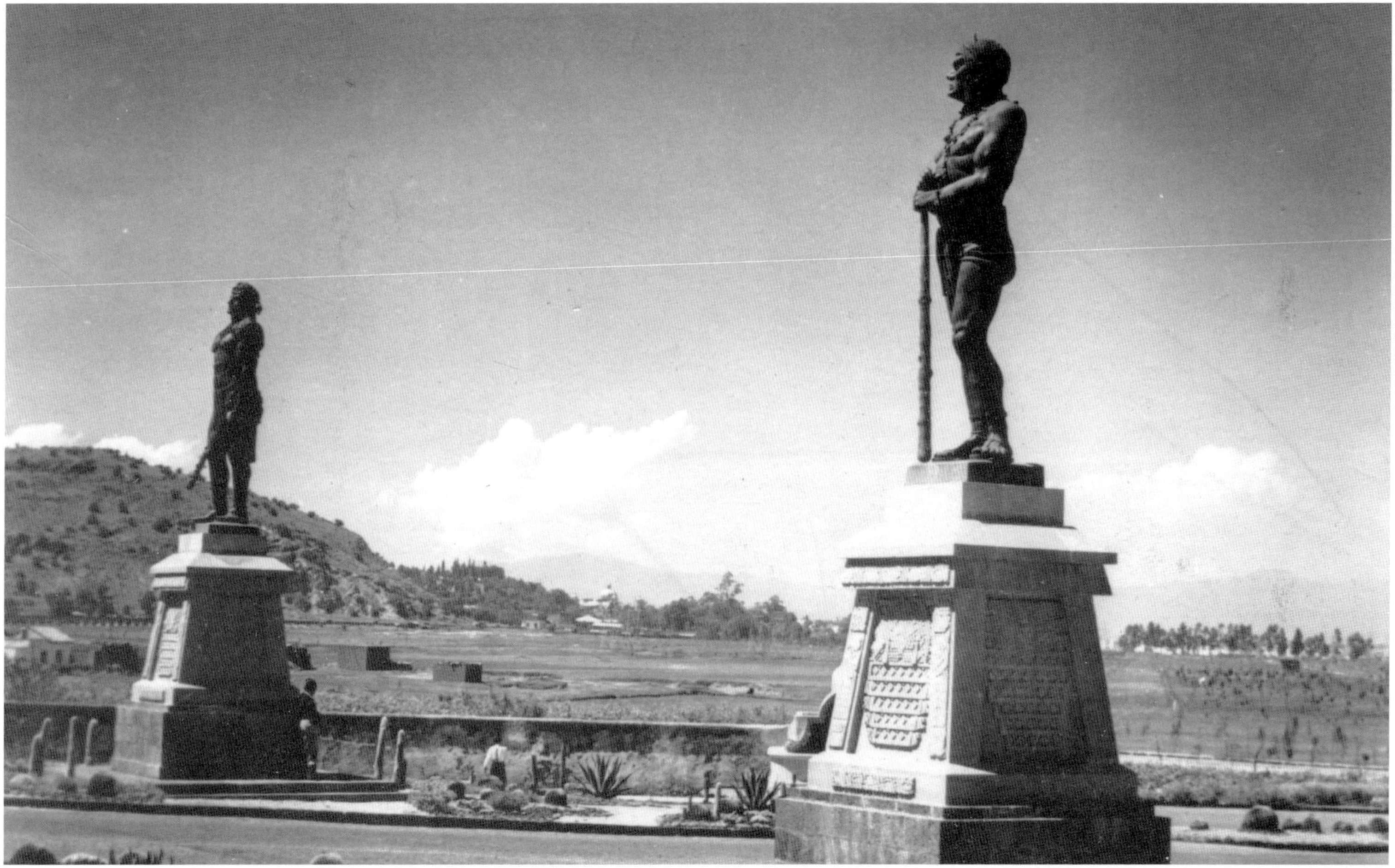

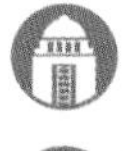

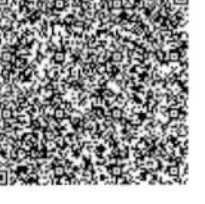

Las dos estatuas de bronce del monumento a los Indios Verdes, cuando estaban colocadas en el actual cruce de las avenidas Insurgentes Norte y Acueducto de Guadalupe; al fondo, se aprecia la antigua Basílica de Guadalupe. Ahora están situadas en el Parque del Mestizaje.

El canal de la Viga formaba parte del sistema de canales prehispánico y virreinal que proveía de frutas y verduras frescas a la población de la ciudad. Era tan ancho e importante que, para 1859, uno de los primeros barcos de vapor mexicanos, el Esperanza, lo recorría a 30 km/h, transportando a una veintena de pasajeros. Esta valiosa vía de suministro dejó de ser navegable en los años treinta del siglo XX y, en 1957, se incluyó en el proyecto de entubamiento de los ríos y canales de la ciudad, en pos de una modernidad que, por un lado, empobreció profundamente la imagen urbana; aunque, por otro, favoreció el crecimiento citadino en lugares donde antes hubo agua.

Aunque este canal ya no existe, los transeúntes de hoy aún pueden visitar los canales de Xochimilco. Internarse en ellos es como entrar en un túnel del tiempo. El paisaje de las chinampas sobre el agua —uno de mis favoritos desde que era niña—, colmadas de cultivos, hortalizas, aves y flores, en un ambiente de bruma y rocío, así como el navegar en canoas y trajineras por sus aguas flanqueadas por garzas y ahuehuetes, han dejado una impronta indeleble en nuestro **ADN** capitalino. | IRP

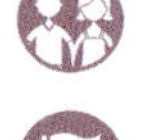

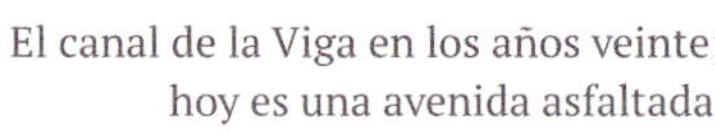

El canal de la Viga en los años veinte; hoy es una avenida asfaltada.

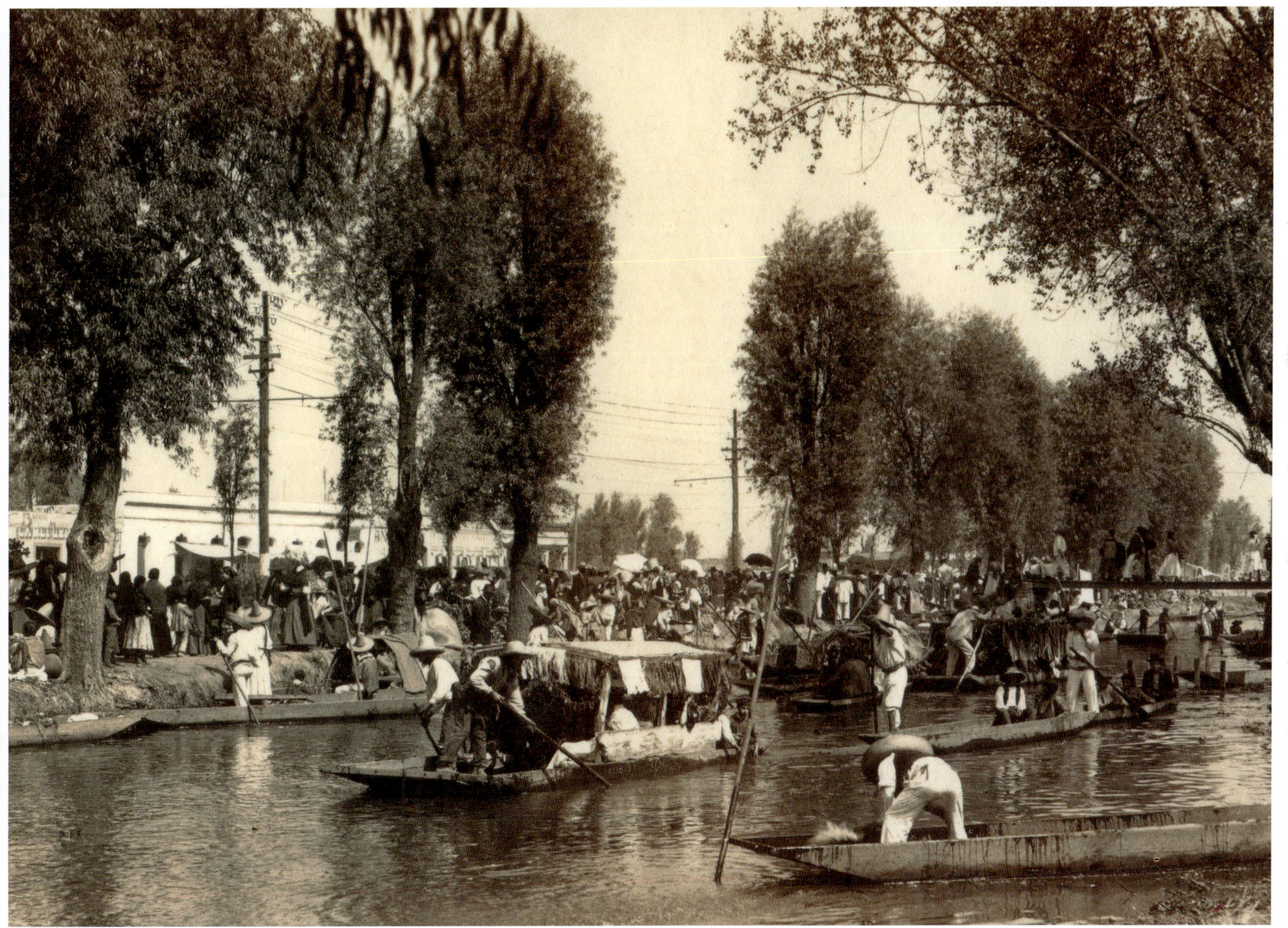

1950
1960
1970
1980

La avenida Paseo del Río en Chimalistac y el Colegio
y Monasterio de El Carmen son lugares vibrantes y
cargados de historia. San Jacinto Tenanitla (hoy San
Ángel) era un poblado al sur de la Ciudad de México
que sus habitantes visitaban por temporadas,
desde la época del Virreinato, para descansar y
cambiar de aires. Los frailes carmelitas fundaron su
congregación ahí, en 1624, después de considerar
muy ruidoso el centro de la capital, donde se ubicó
su primer convento. El lugar era tan grande que se
extendía desde San Ángel hasta Chimalistac, donde
se encuentra el actual Paseo del Río, y hasta donde
llegaba su huerta, muy famosa por abundante y
que era alimentada precisamente por las aguas
del río Magdalena. El enorme recinto y los frailes
marcaron el día a día de los acontecimientos de sus
pobladores. | IRP

El río Magdalena a la altura de Chimalistac, en
una toma que resalta el puente del siglo XVII
que formó parte del colegio carmelita de San
Ángel y que se conserva hasta la actualidad en
la avenida Paseo del Río.

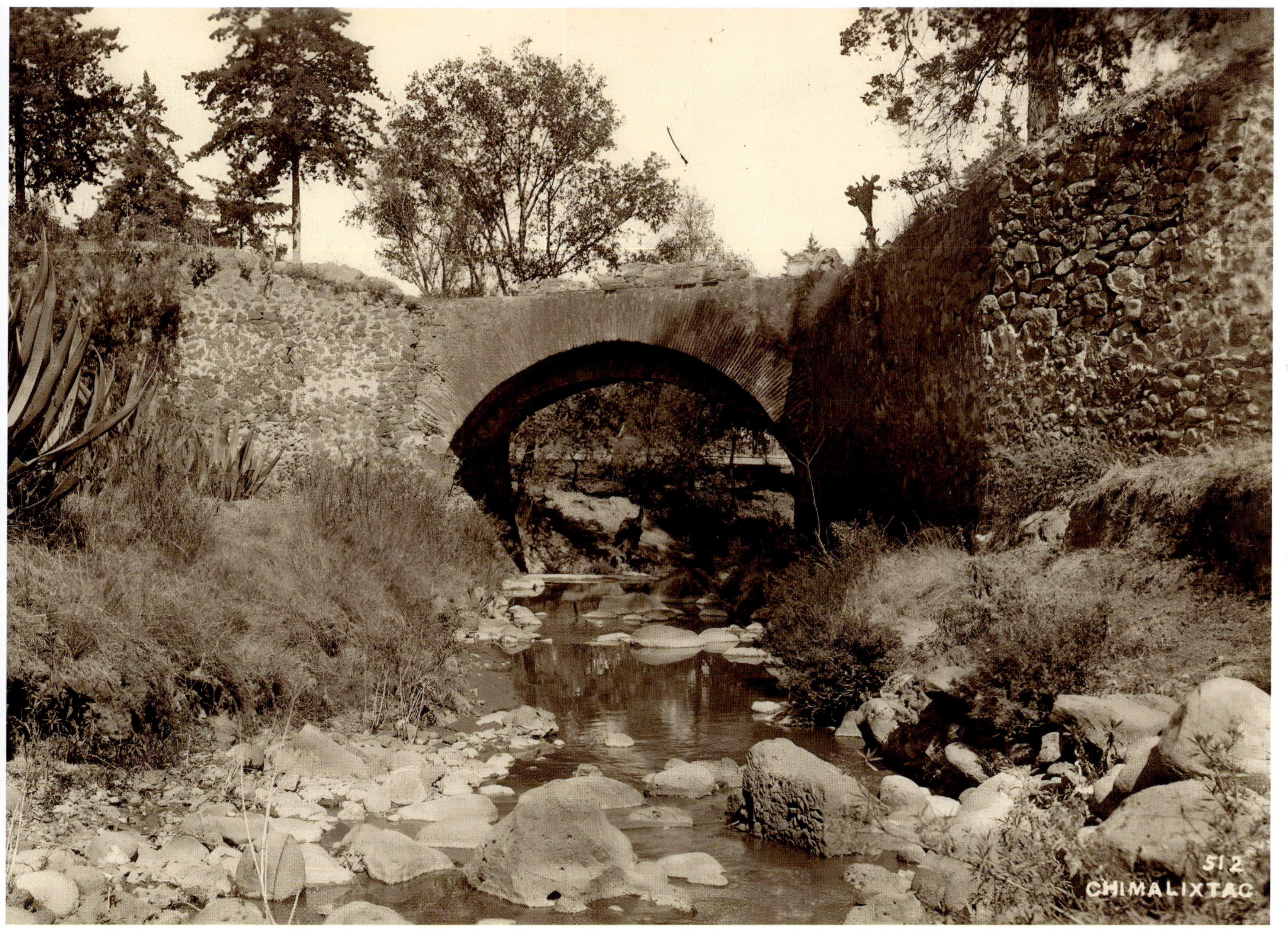

1950   1960   1970   1980

Un momento cotidiano que revive en mí los recuerdos
que solía platicarme mi madre, Guadalupe, nacida
justamente en la Villa de Guadalupe, en 1931. Ella
recordaba la villa como un lugar lleno de celebraciones
y tradiciones religiosas muy arraigadas, presentes desde
que se asentó allí la antigua Basílica de Guadalupe,
construida por el arquitecto Pedro de Arrieta entre 1695
y 1709, año este último en que fue consagrada. Muchas
niñas (como mi madre) llevaban cada mes de mayo rosas
blancas para la Virgen o hicieron su primera comunión
allí. La nueva Basílica de Guadalupe no se construiría
sino hasta 1976, bajo la dirección del arquitecto Pedro
Ramírez Vázquez. | IRP

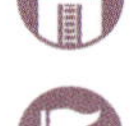
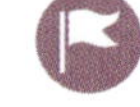

Una postal en la que se aprecian
vendedores ambulantes y una fonda con el
nombre El Paraíso en las inmediaciones de
la antigua Basílica de Guadalupe.

1920   1930   1940

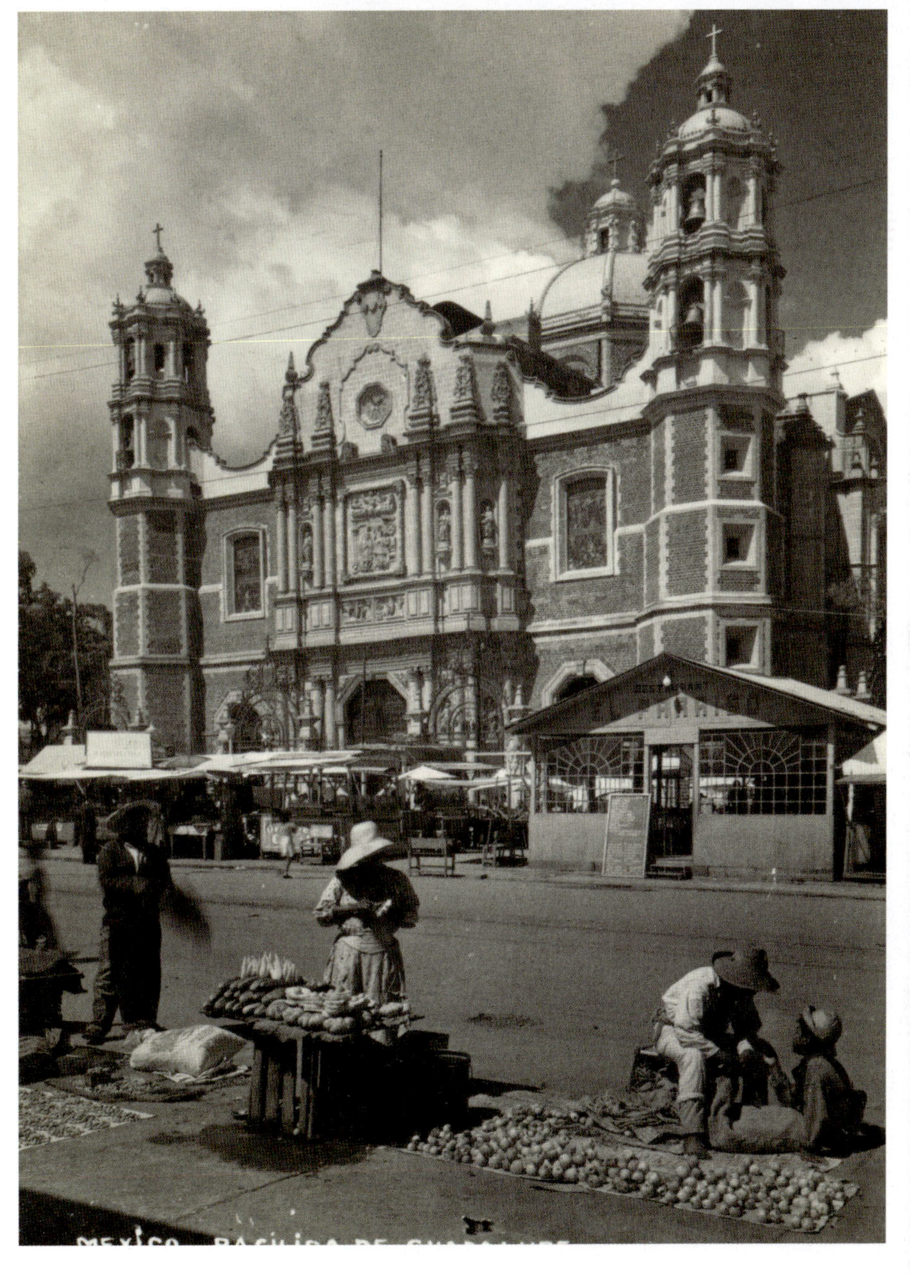

1950 1960 1970 1980

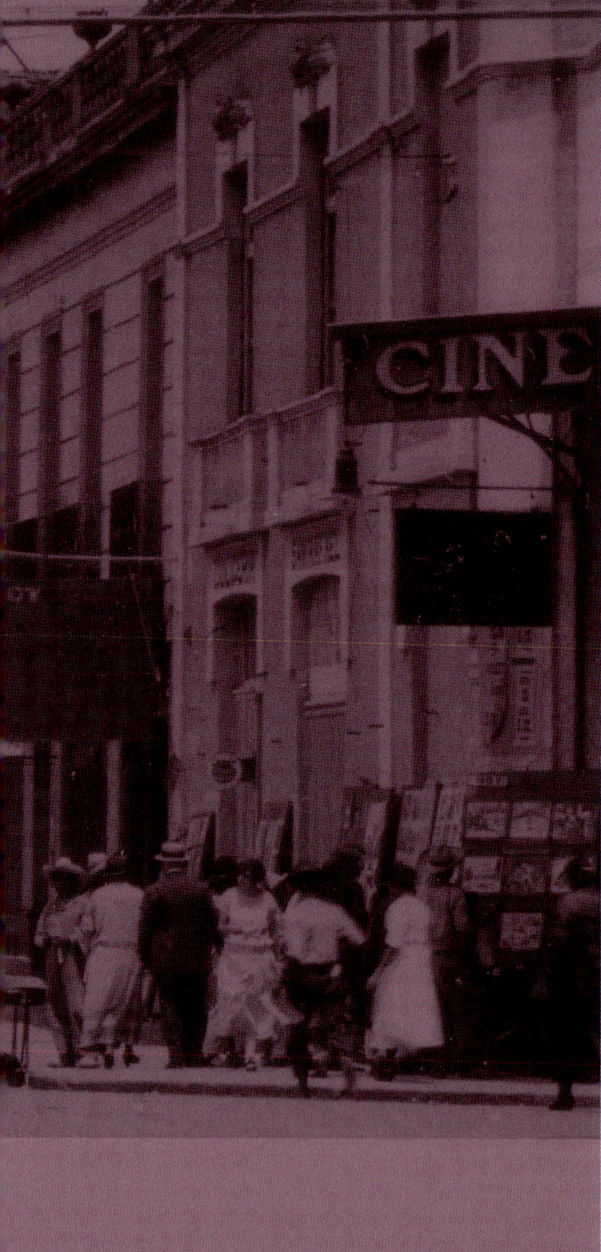

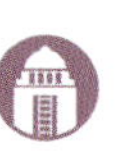

La calle Guillermo Prieto vista desde el cruce con Gabino Barreda, colonia San Rafael. Del lado derecho, se encuentra el cine San Rafael, que ya no existe, y en el fondo destaca la cúpula de la estructura que hoy es el Monumento a la Revolución.

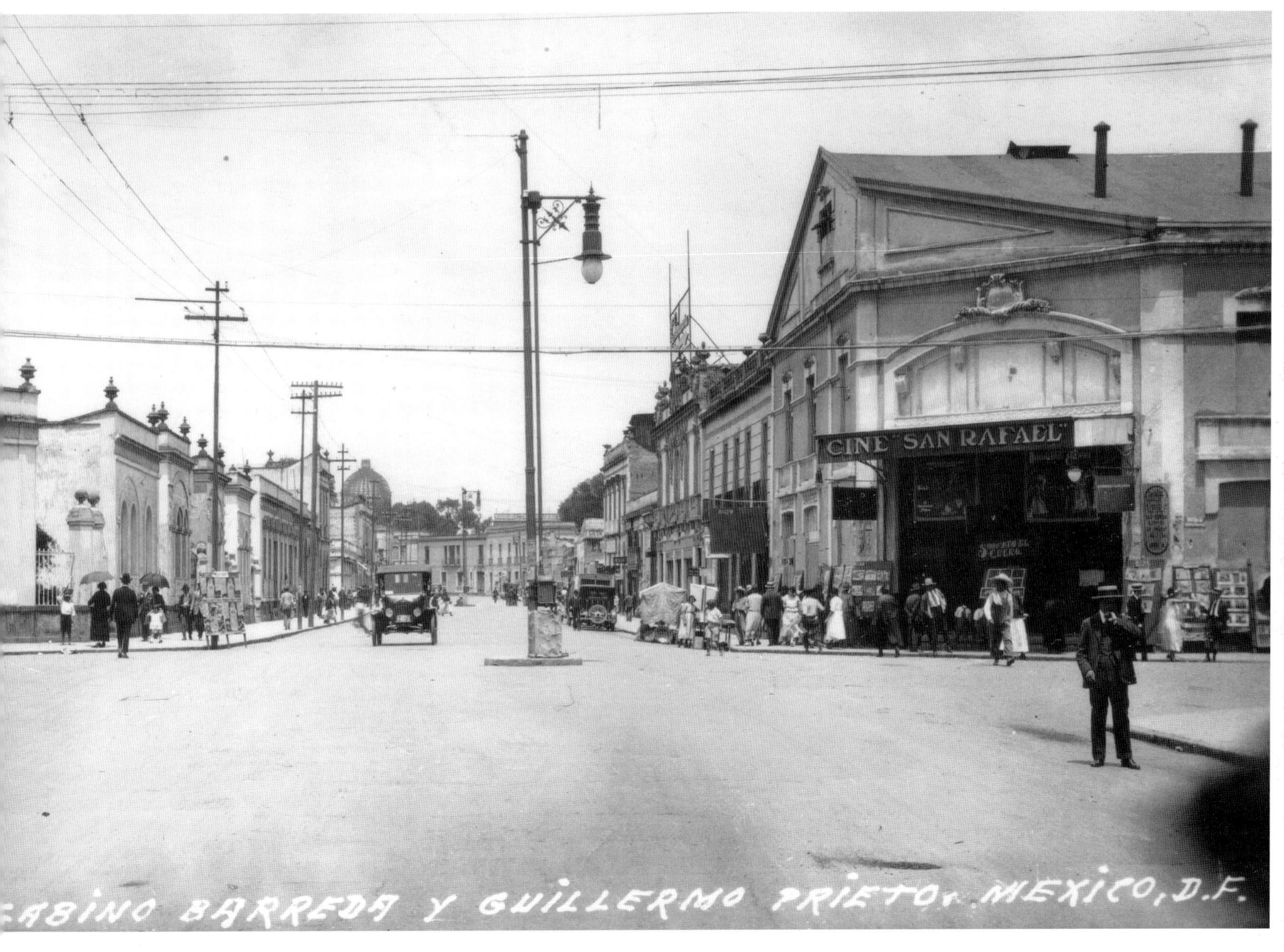

CINE SAN RAFAEL
GABINO BARREDA Y GUILLERMO PRIETO. MEXICO, D.F.

Aunque ya no se llama así, la glorieta de la Palma sigue siendo un punto de referencia para las y los citadinos; sin embargo, tras la muerte a causa de un hongo de la icónica palmera canaria que le daba nombre, un ahuehuete adorna este sitio desde 2022. Este cambio implicó la modificación del nombre de una estación del Metrobús.

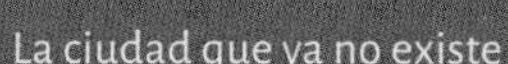

1920   1930   1940

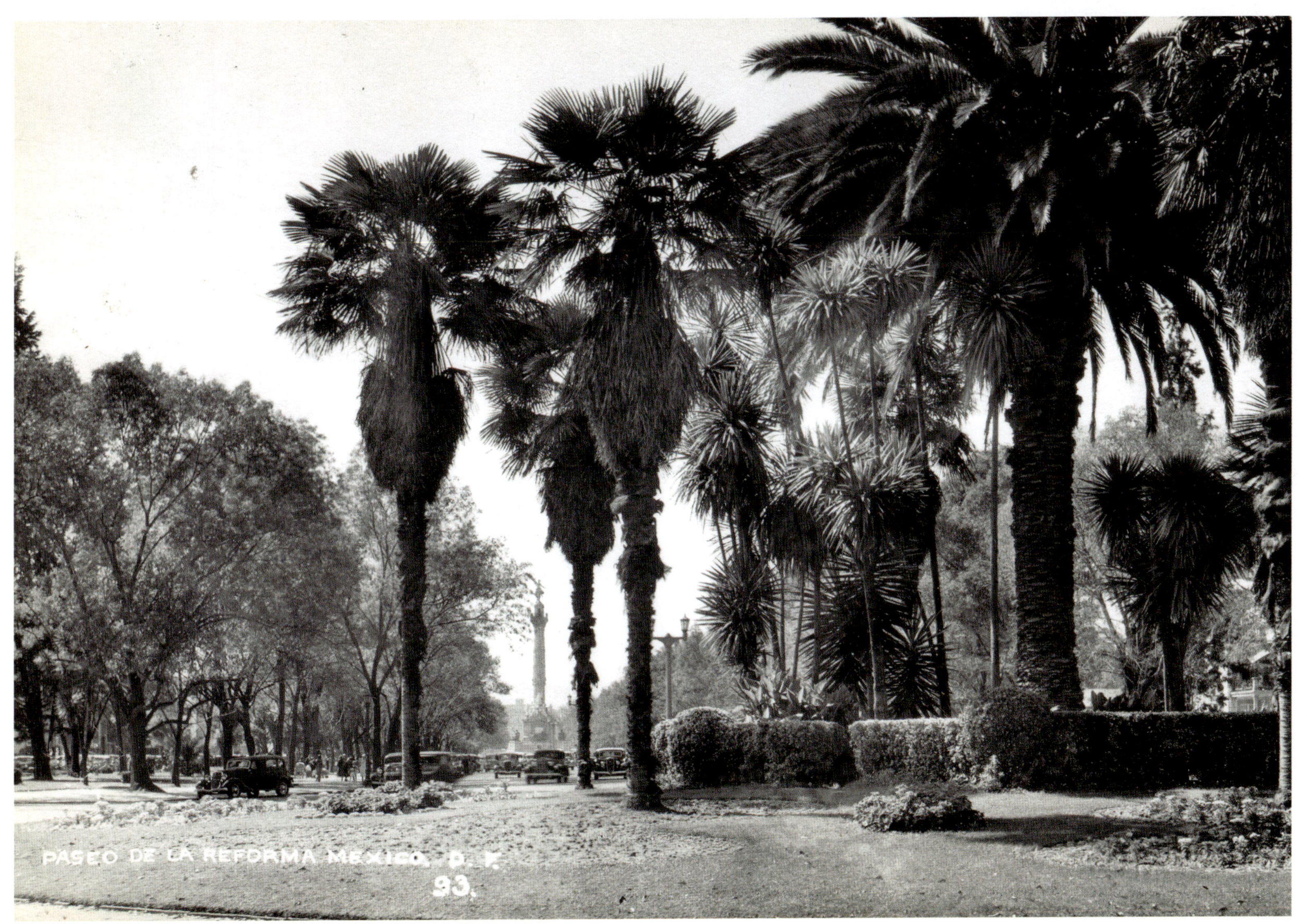

1950   1960   1970   1980

Las grandes ciudades siempre han encontrado en los cafés el sitio idóneo para socializar y ejercer la vida intelectual. La capital mexicana no ha sido la excepción. En sus cafés se han dado cita la joven y la experimentada intelectualidad para sostener amenas y acaloradas conversaciones sobre los principales temas de la vida nacional, entre densas humaredas de puros y cigarros, y espesas y aromáticas bebidas. «Abogados, escritores y políticos constituían la clientela habitual de los cafés...», detalla Salvador Novo en su completísimo libro *Cocina mexicana*. Señala también, a propósito de aquellas nutridas tertulias entabladas por poetas y escritores a finales del siglo XIX y principios del XX, que la tendencia de los cafés como sitios de reunión no era propiamente la de alimentar, aunque cumplieran esta función, pues «Podía beberse solo, en taza pequeña —el "demitasse" con que culmina, en busca de un auxilio a la indigestión, todo banquete o toda comida— y paladearlo sorbo a sorbo mientras se fuma —puro, de preferencia—». El Colón, llamado así por estar ubicado frente a la glorieta del monumento al marinero genovés, fue uno de los establecimientos más populares de este tipo. | IRP

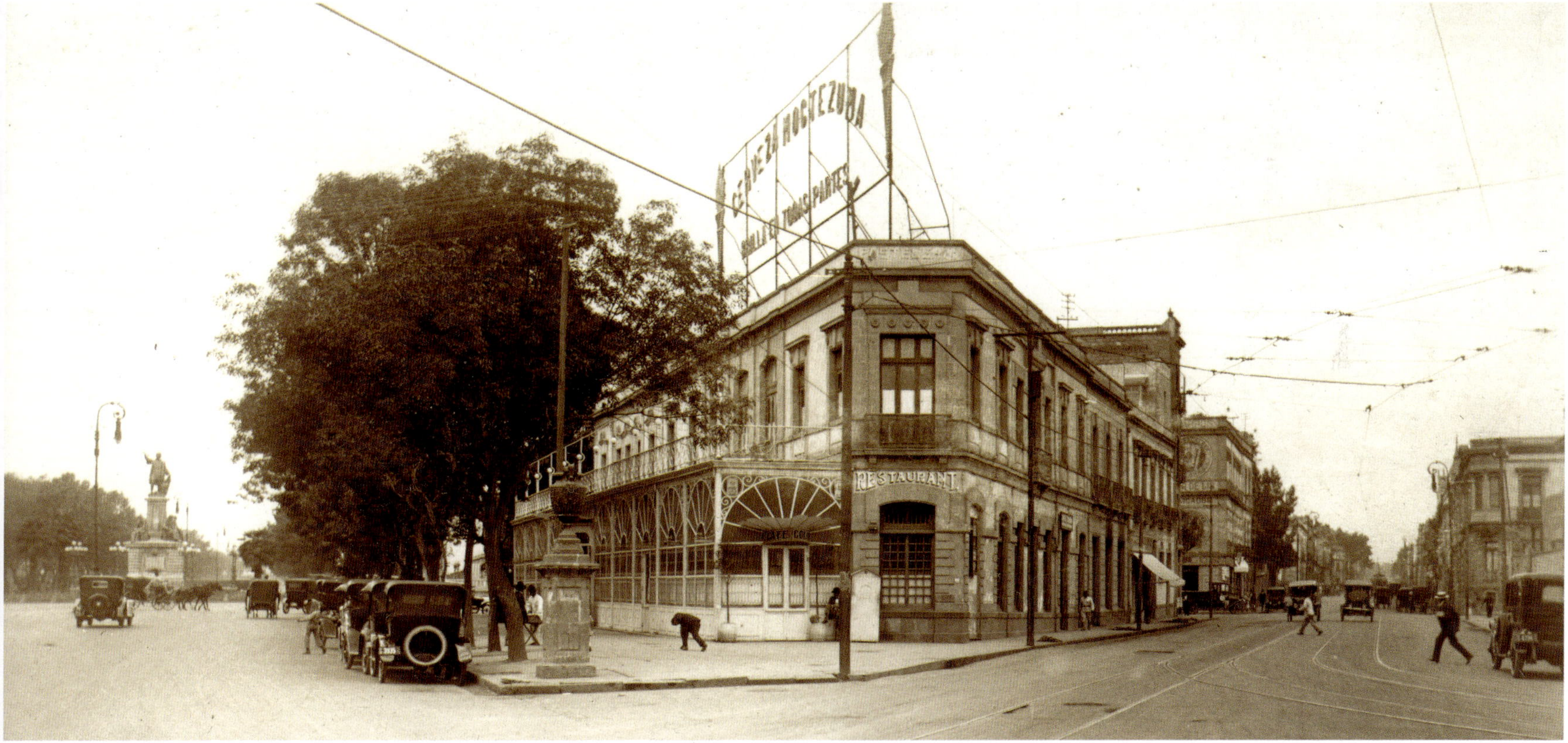

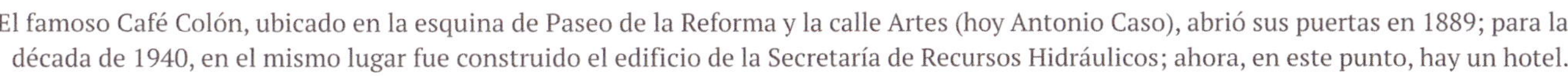

El famoso Café Colón, ubicado en la esquina de Paseo de la Reforma y la calle Artes (hoy Antonio Caso), abrió sus puertas en 1889; para la década de 1940, en el mismo lugar fue construido el edificio de la Secretaría de Recursos Hidráulicos; ahora, en este punto, hay un hotel.

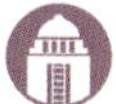

1950   1960   1970   1980

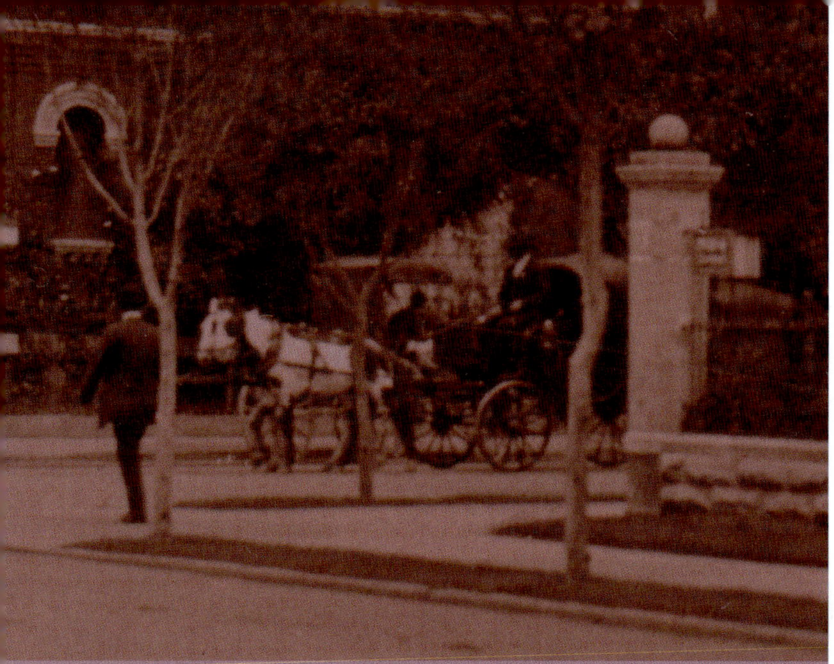

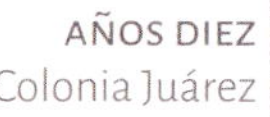

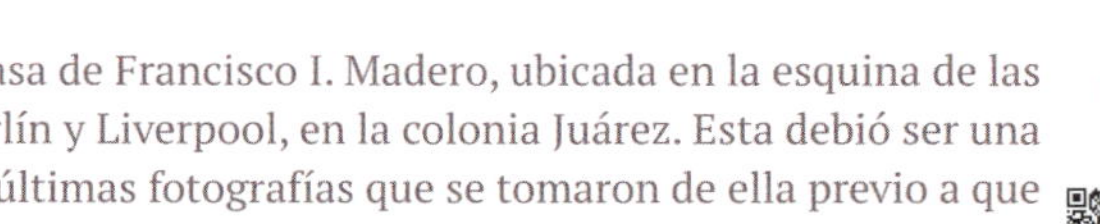
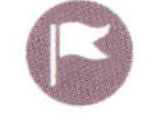

La casa de Francisco I. Madero, ubicada en la esquina de las calles Berlín y Liverpool, en la colonia Juárez. Esta debió ser una de las últimas fotografías que se tomaron de ella previo a que fuera incendiada en febrero de 1913, durante la Decena Trágica. En el edificio que se erige actualmente en esa esquina se puede ver una placa que explica el acontecimiento.

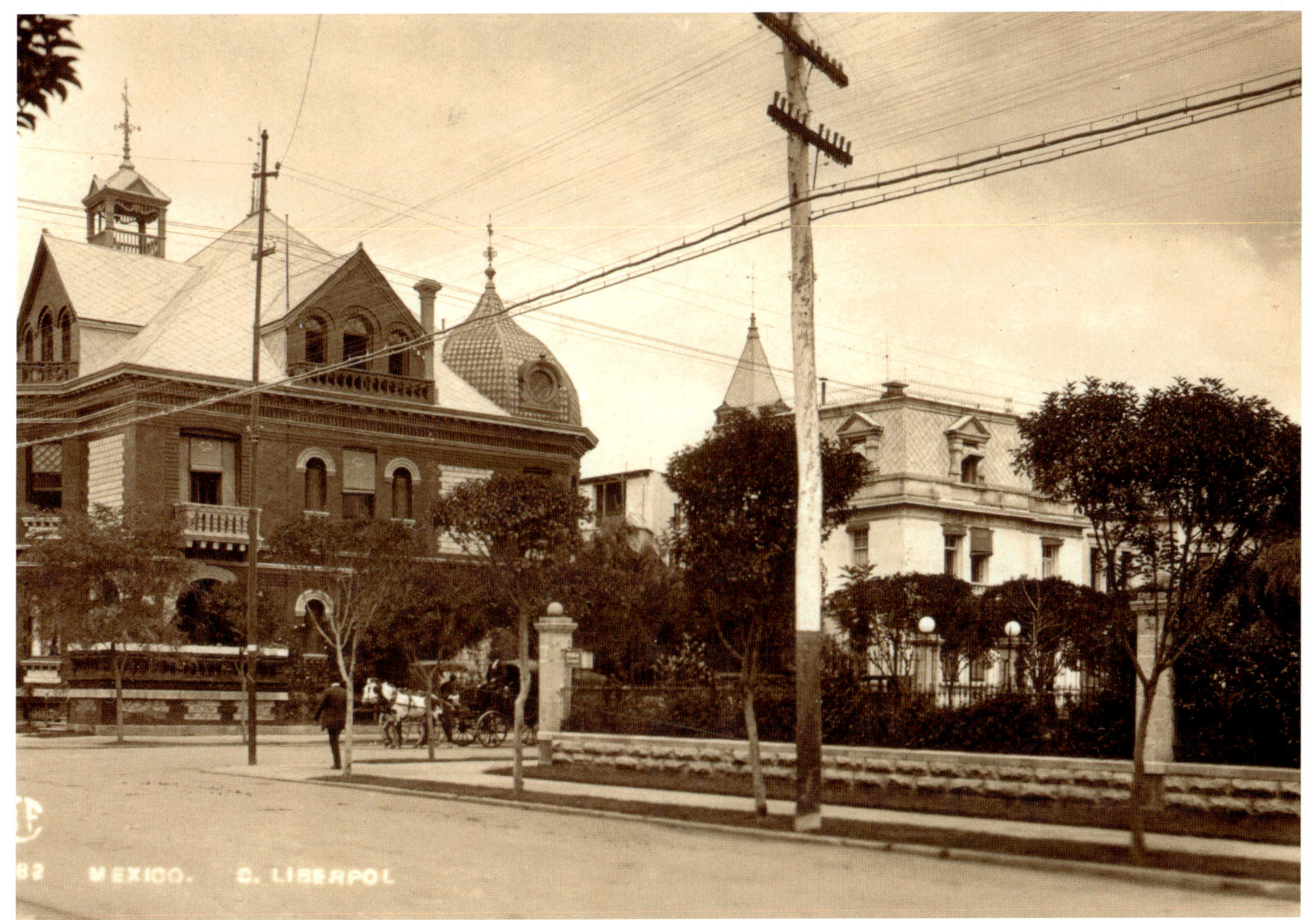

1930   1940   1950   1960

La emblemática colonia Juárez de la capital
de México, a lo largo de más de un siglo, ha
sido símbolo de arraigo e historia citadina.
Si bien en sus orígenes (1903-1906) representó
la modernidad de una europeizada aristocracia
porfiriana que buscaba la exclusividad con sus
enormes mansiones y jardines privados, cercanos
a lo que en aquel entonces era el primer cuadro de
la ciudad, desde mediados del siglo XX también
fue testigo de la vida cotidiana de la pujante
clase media, con sus edificios de departamentos,
oficinas, mercados, plazas y cientos de comercios
de todo tipo. Hoy apuesta por la coexistencia de
ese legado urbano con la vertiginosa llegada
de nómadas digitales, para disfrutar de sus cafés,
restaurantes y clubes, con aires de histórica
—y a la vez vanguardista— sofisticación. | IRP

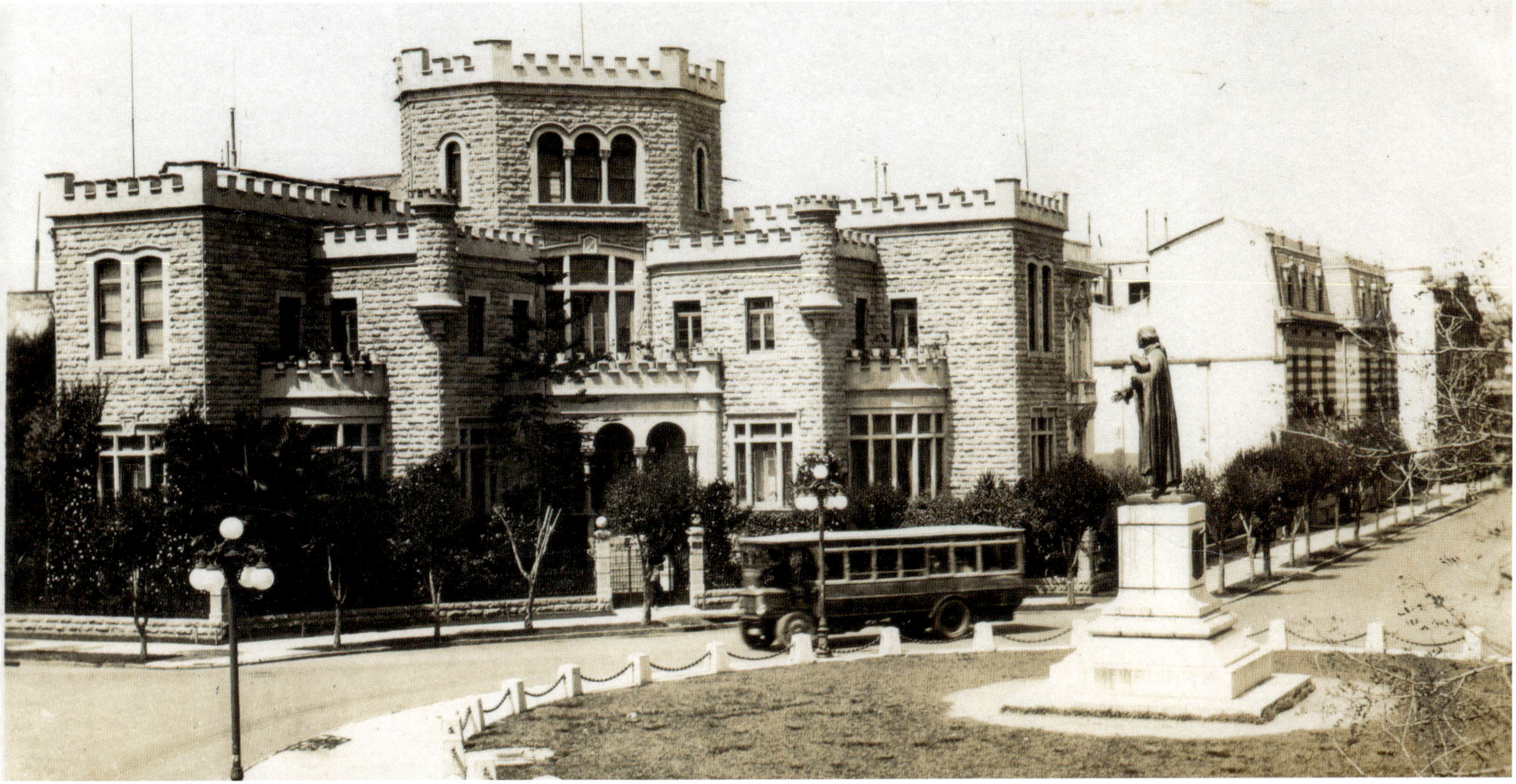

La plaza Dinamarca en la colonia Juárez, posteriormente llamada plaza Washington, ya que en 1912 se inauguró en ella el monumento a George Washington, que había empezado a construirse dos años antes y actualmente se encuentra en el Bosque de Chapultepec. La plaza aún conserva el apellido del primer presidente de Estados Unidos.

1950   1960   1970   1980

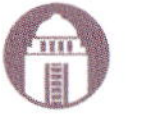
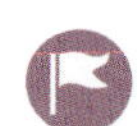

Una toma de la casa de la acaudalada familia Braniff, ubicada en el número 27 de la avenida Paseo de la Reforma. La casa fue demolida en los años treinta. Hoy, en su lugar, se encuentra la torre de departamentos Reforma 27.

1920　　　　　　1930　　　　　　1940

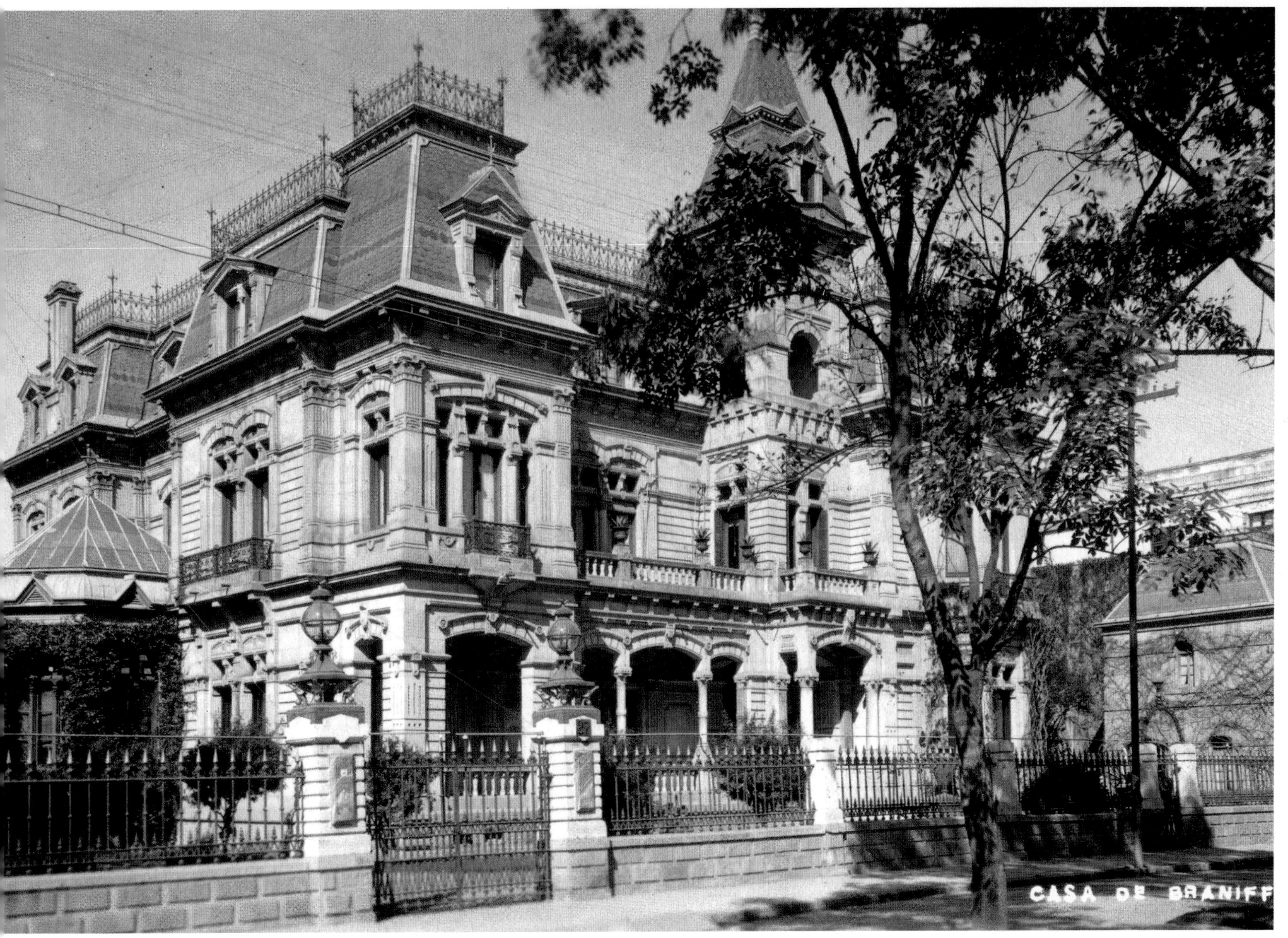

1950   1960   1970   1980

En el número 77 de la avenida Juárez, a unos pasos de la emblemática y centenaria Alameda Central, se estableció el famoso hotel Regis, en un bellísimo edificio de estilo ecléctico construido a principios del siglo XX. Antes de convertirse en hotel, el edificio albergó las oficinas del periódico *El Imparcial*, los hoteles Ritz y Berry, y diversos departamentos, para finalmente abrir sus puertas el 15 de agosto de 1918. Durante siete décadas, fue testigo de la trepidante vida citadina al recibir en sus habitaciones, en el celebérrimo club nocturno Capri, en sus legendarios baños de vapor, en el restaurante Paolo y en la cafetería de la farmacia Regis a distinguidos personajes de la vida política, artística y cultural de la capital mexicana. Sergio Peralta Sandoval, quien vivió allí mientras su padre trabajaba como administrador del recinto —cargo que más tarde él también desempeñó—, recuerda en su libro *Hotel Regis. Un protagonista del siglo XX* que las figuras que se dieron cita en sus instalaciones «forjaron la vida moderna de la Ciudad de México [...] para hacer del edificio un emblema». | IRP

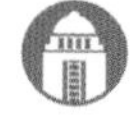

El emblemático hotel Regis, que desapareció tras el terremoto de septiembre de 1985. Ahora, en este punto, se ubica la Plaza de la Solidaridad.

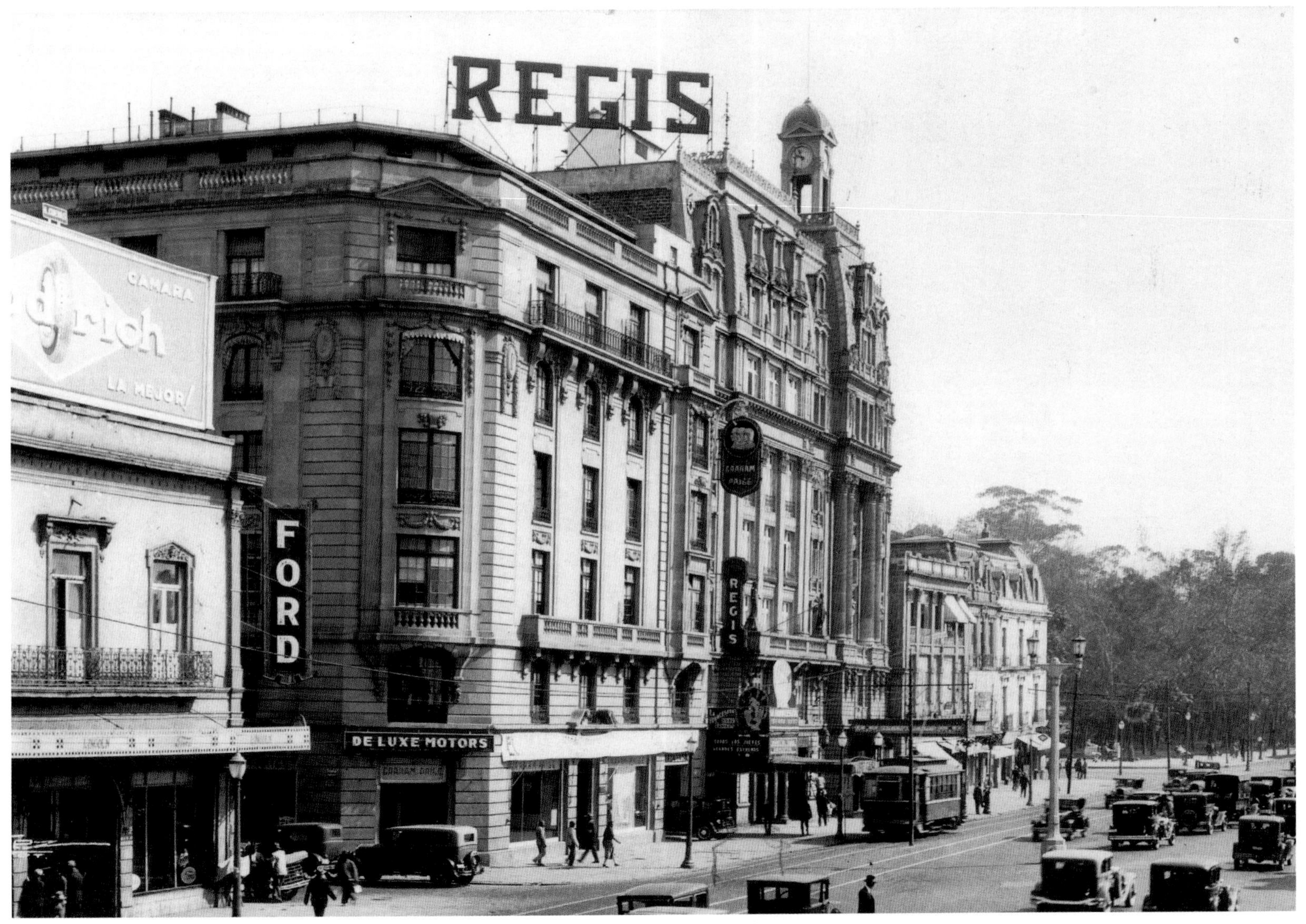

1950   1960   1970   1980

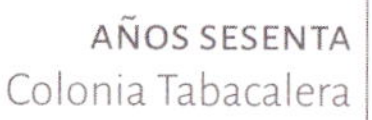

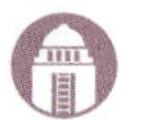

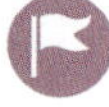

La multitud aprovecha cada rincón de la decoración urbana para admirar mejor el desfile militar del 20 de noviembre.

1920

1930

1940

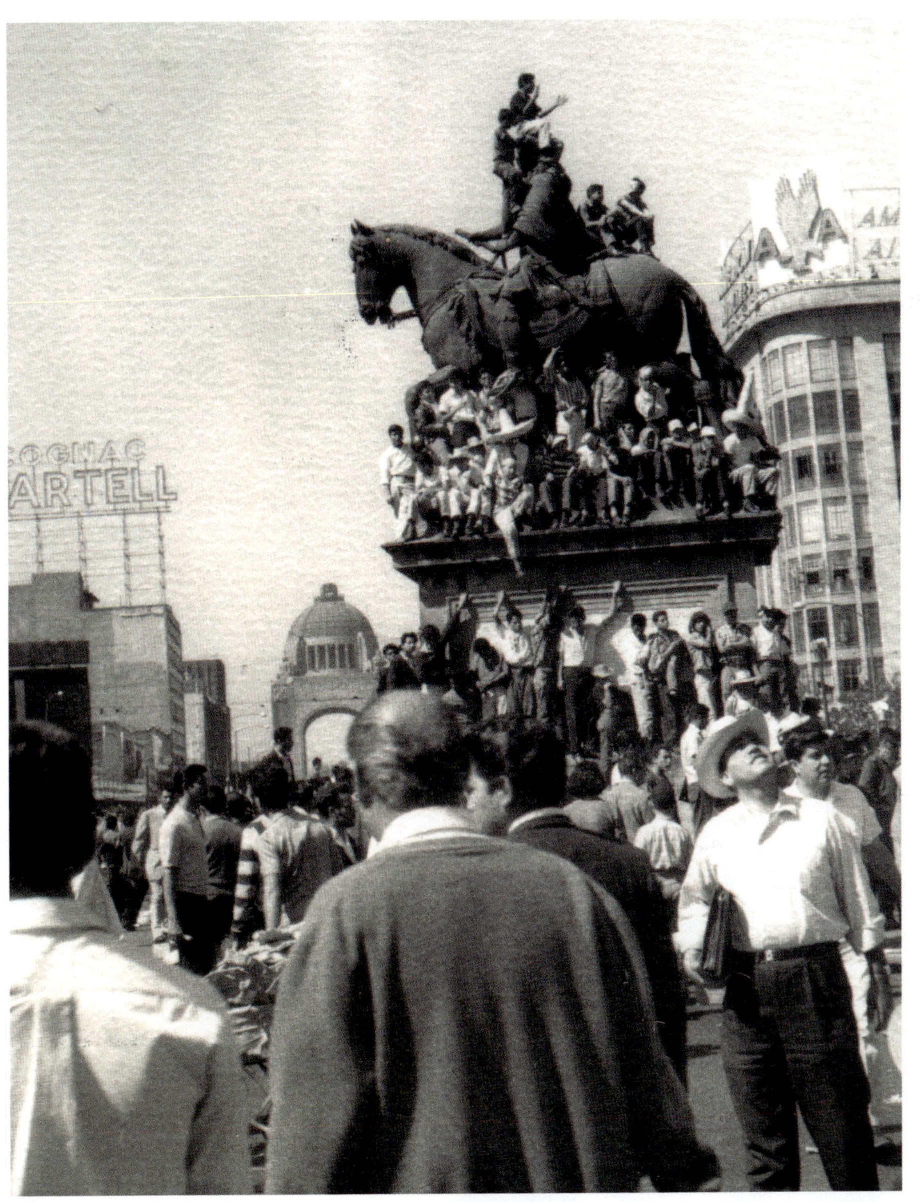

1950 1960 1970 1980

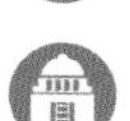
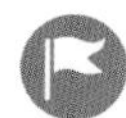

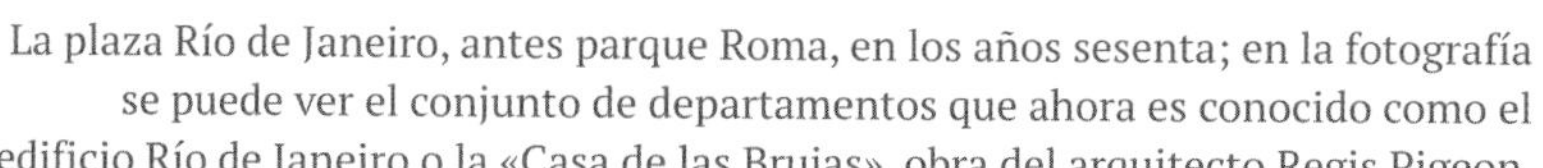

La plaza Río de Janeiro, antes parque Roma, en los años sesenta; en la fotografía se puede ver el conjunto de departamentos que ahora es conocido como el edificio Río de Janeiro o la «Casa de las Brujas», obra del arquitecto Regis Pigeon.

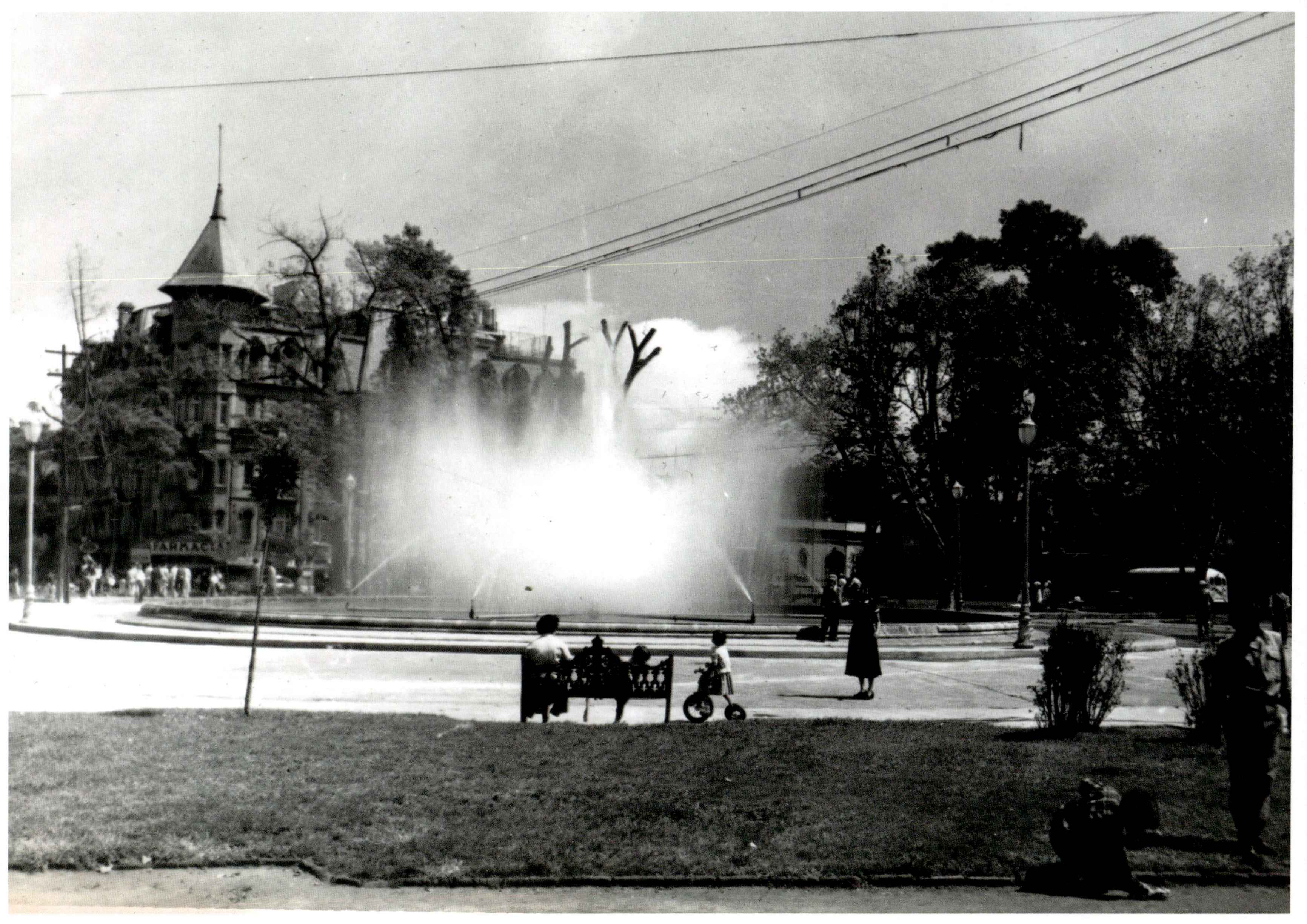

1950
1960
1970
1980

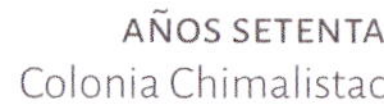

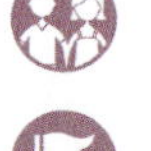
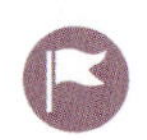

Una llamativa cabina telefónica en el parque de la Bombilla, en San Ángel. A veces, para hacer una llamada, había que hacer fila, algo impensable ahora que la mayoría de nosotros cuenta con teléfono celular.

1920   1930   1940

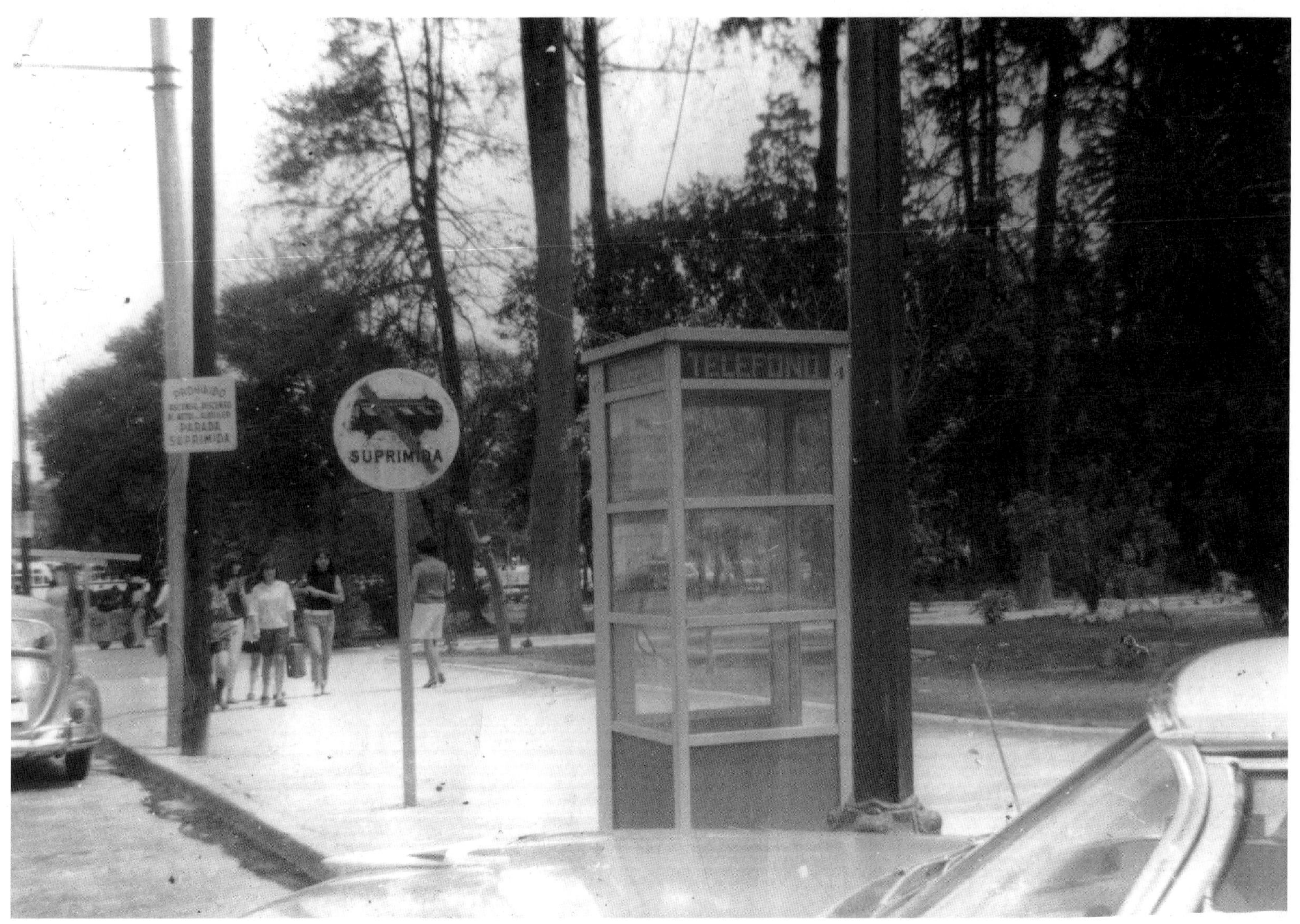

1950   1960   1970   1980

El enorme Hotel de México se proyectó en 1966, año en que se inició su construcción, para convertirse en el más alto del mundo: 80 pisos albergarían las habitaciones que quedarían listas a tiempo para los Juegos Olímpicos de 1968. Pero a la cita solo llegó el centro cultural del complejo, el magnífico Polyforum Cultural Siqueiros —hasta hoy en funciones—, realizado con la maestría artística de uno de los grandes muralistas mexicanos, David Alfaro Siqueiros. La masiva pero «desvestida» estructura del edificio, anclada con decenas de pilotes al subsuelo, quedó inconclusa durante décadas en los terrenos de lo que había sido el parque de la Lama, en la avenida Insurgentes Sur, colonia Nápoles. Los pisos subterráneos del hotel fueron el patio de juegos de muchos niños como yo: en 1982, llegué a vivir a la calle Altadena, y entraba en bicicleta con mis amigos a este sitio mientras imaginaba que la estructura era un enorme barco medio hundido.

El empresario Manuel Suárez y Suárez y el arquitecto Guillermo Rossell de la Lama se enfrentaron a un sinfín de contratiempos y dificultades económicas para llevar la construcción a buen término. Aunque la estampa del esquelético complejo se hizo cotidiana para los vecinos —incluso durante el terremoto de 1985 yo lo escuché crujir ferozmente desde sus entrañas—, no fue sino hasta el 18 de noviembre de 1994 que se inauguró como el modernísimo World Trade Center. | IRP

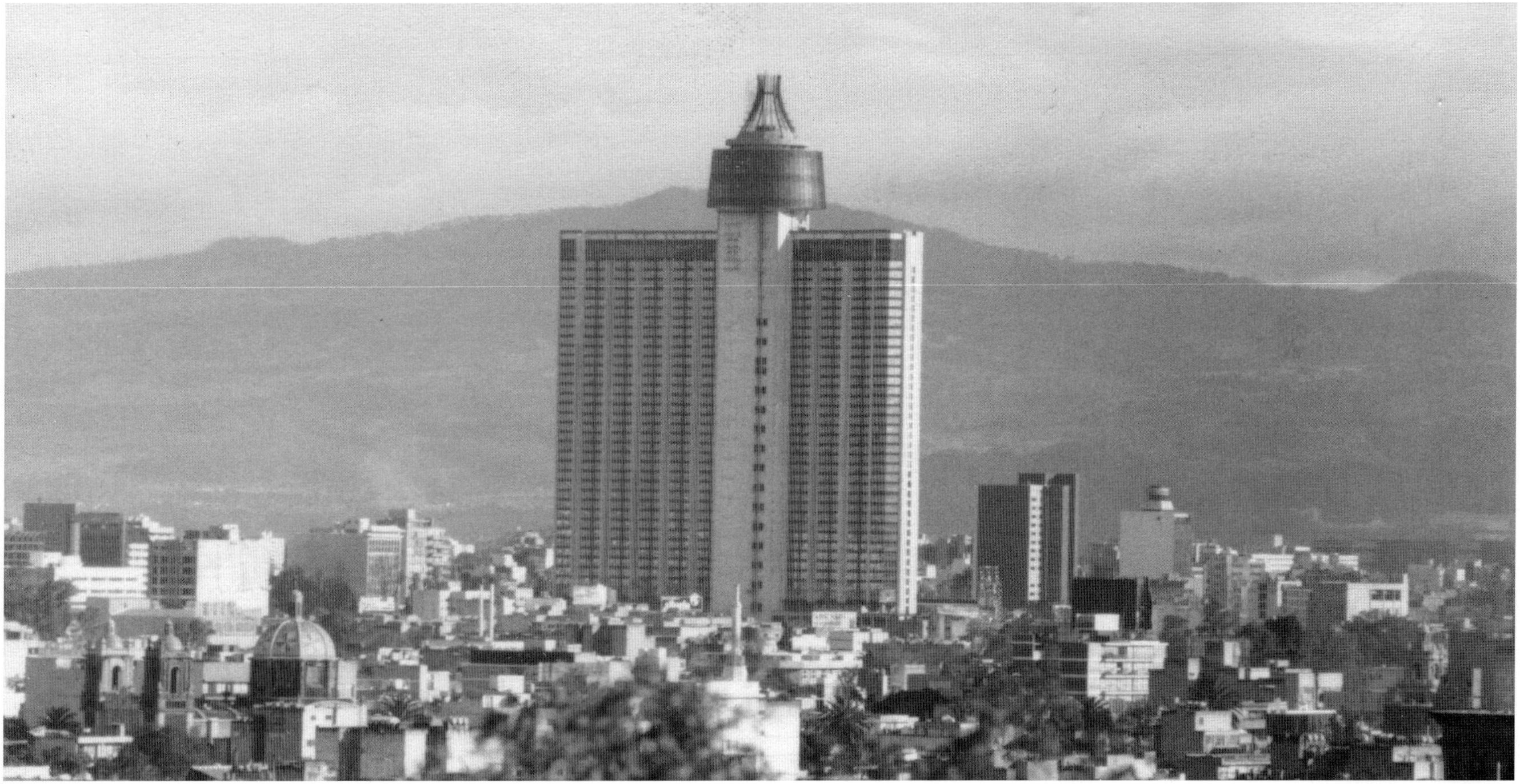

El imponente Hotel de México, hoy World Trade Center, domina el paisaje del Valle de México en esta toma de los años ochenta.

1950

1960

1970

1980

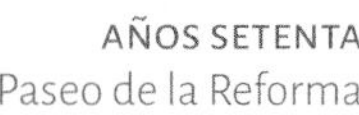

El desaparecido edificio de Bonos del Ahorro Nacional visto desde la exglorieta de Colón, actualmente conocida como la Glorieta de las Mujeres que Luchan.

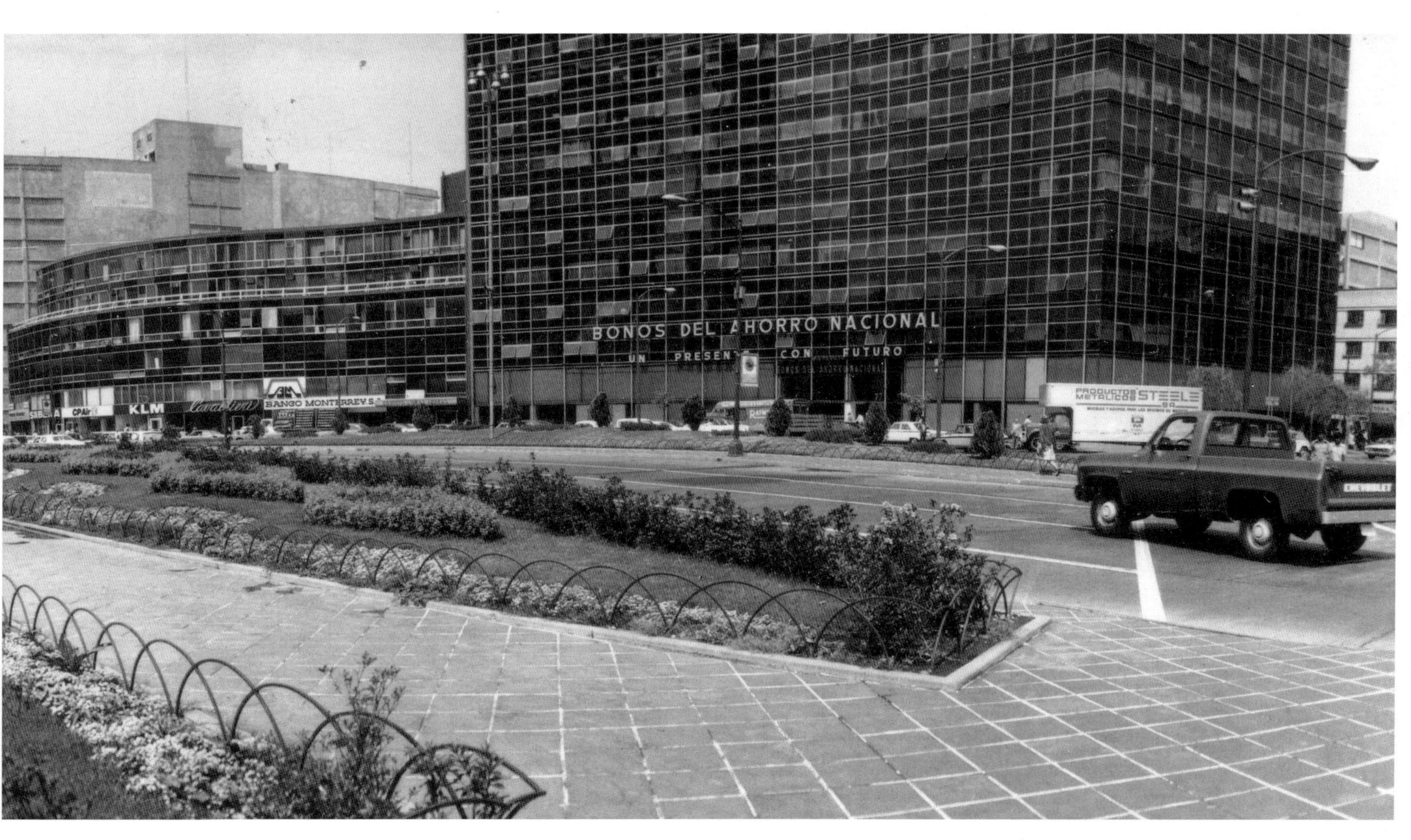

1950   1960   1970   1980

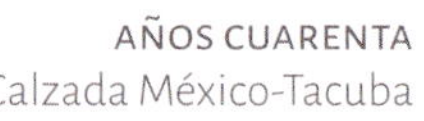

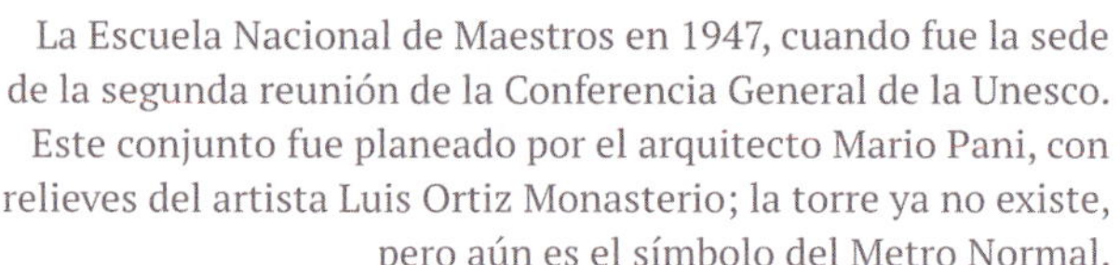

La Escuela Nacional de Maestros en 1947, cuando fue la sede de la segunda reunión de la Conferencia General de la Unesco. Este conjunto fue planeado por el arquitecto Mario Pani, con relieves del artista Luis Ortiz Monasterio; la torre ya no existe, pero aún es el símbolo del Metro Normal.

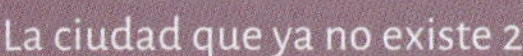

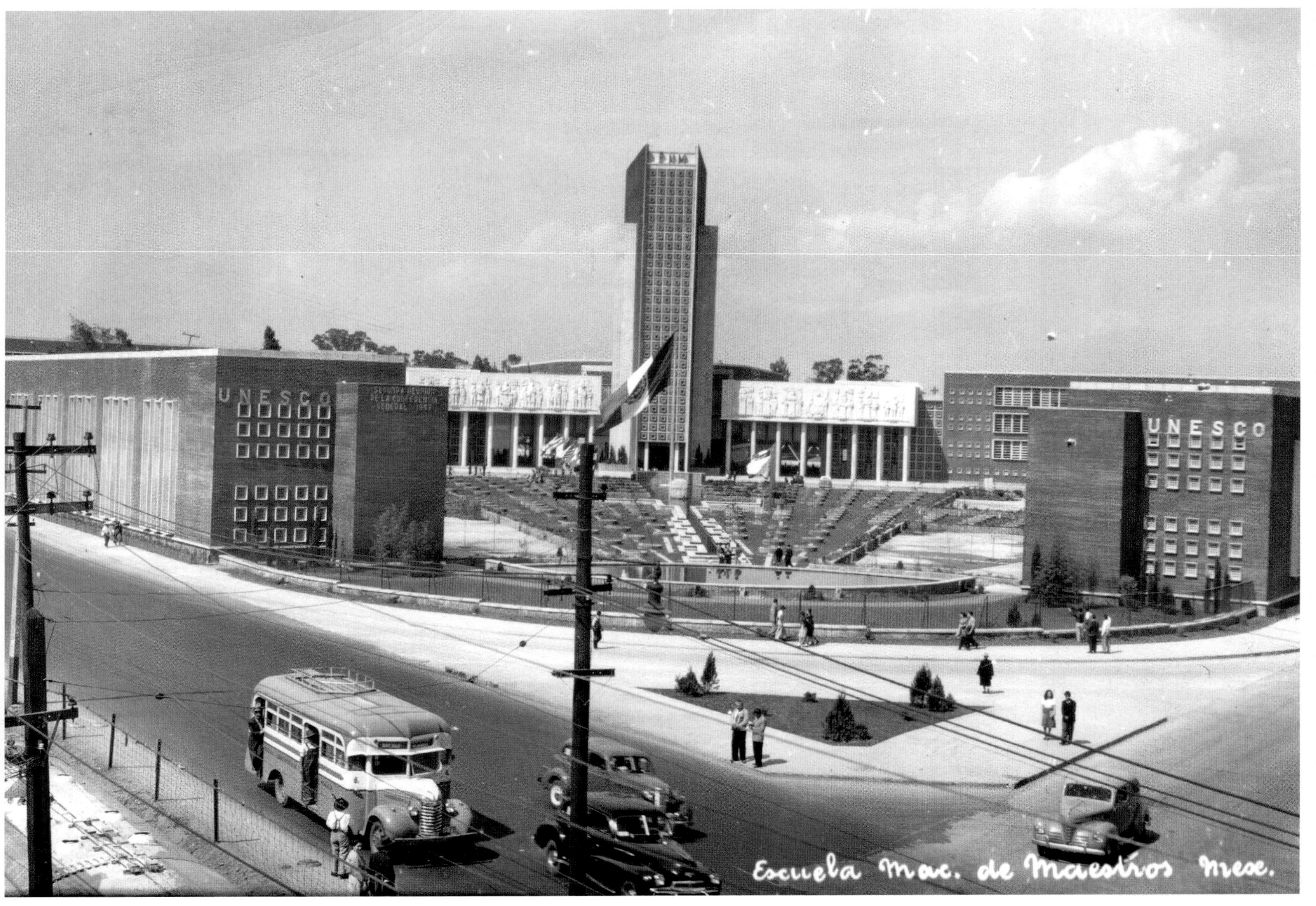

UNESCO
UNESCO
SEGUNDA REUNION
DE LA CONFERENCIA
FEDERAL · 1947
Escuela Nac. de Maestros Mex.

1950
1960
1970
1980

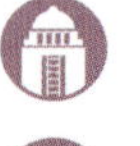
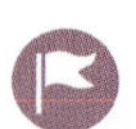

La Fuente Maya, obra del arquitecto yucateco Manuel Amábilis, cuando se encontraba en el cruce de Yucatán y Coahuila, en la colonia Roma, en los años cuarenta. Poco después fue trasladada a la avenida División del Norte; sin embargo, se desconoce su paradero actual.

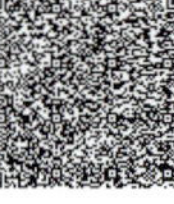

1920   1930   1940

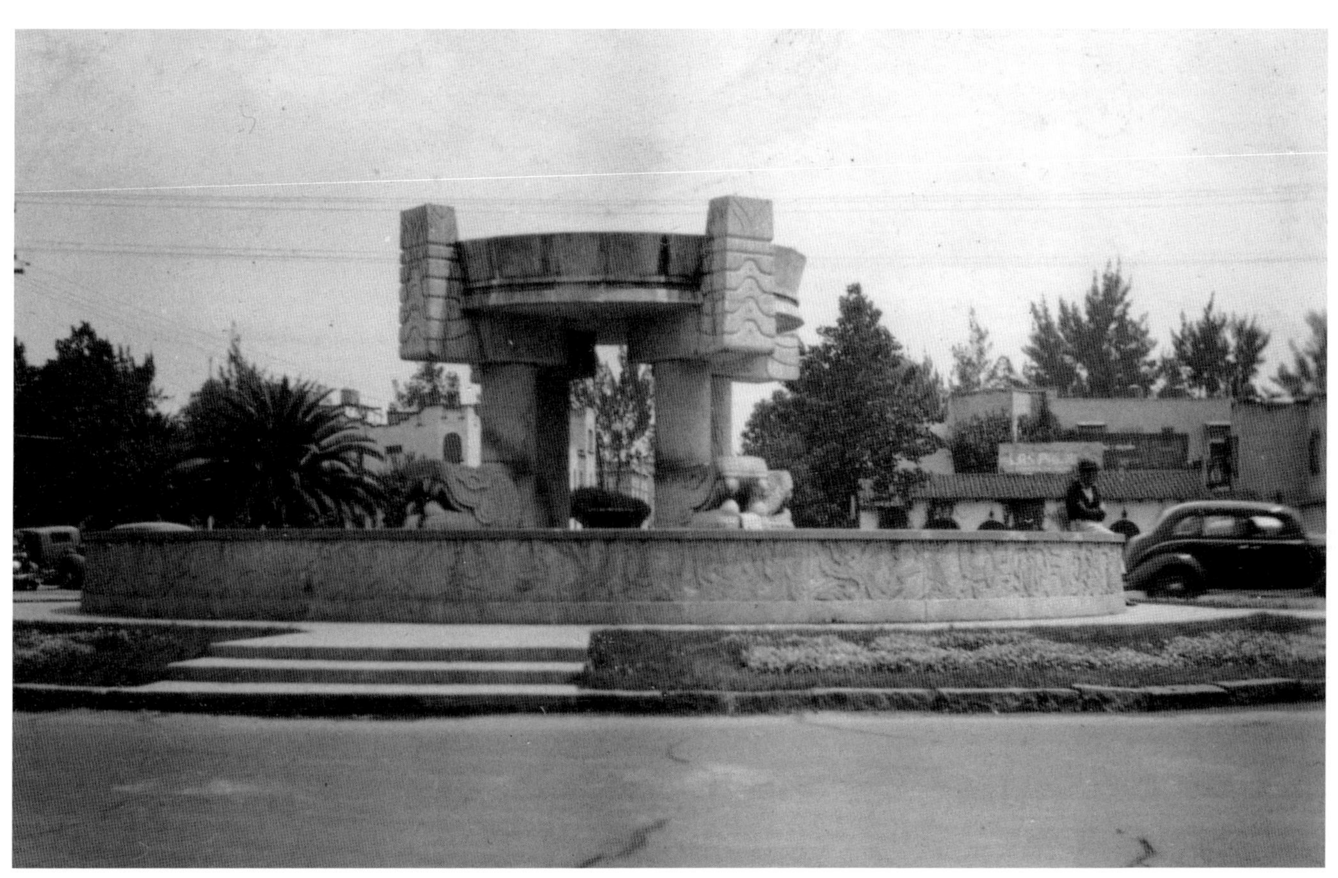

1950
1960
1970
1980

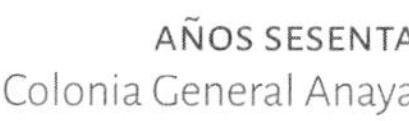

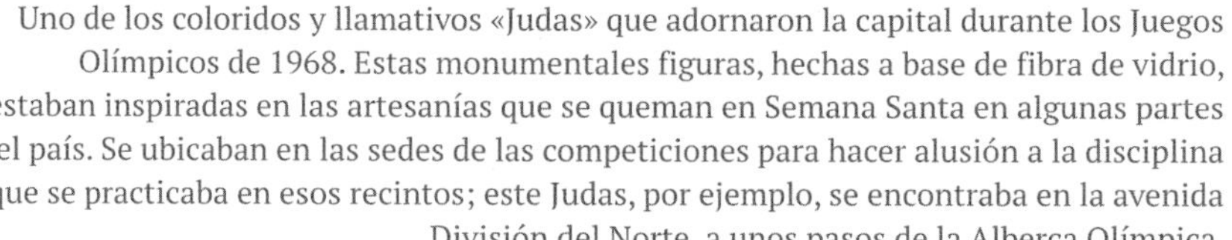

Uno de los coloridos y llamativos «Judas» que adornaron la capital durante los Juegos Olímpicos de 1968. Estas monumentales figuras, hechas a base de fibra de vidrio, estaban inspiradas en las artesanías que se queman en Semana Santa en algunas partes del país. Se ubicaban en las sedes de las competiciones para hacer alusión a la disciplina que se practicaba en esos recintos; este Judas, por ejemplo, se encontraba en la avenida División del Norte, a unos pasos de la Alberca Olímpica.

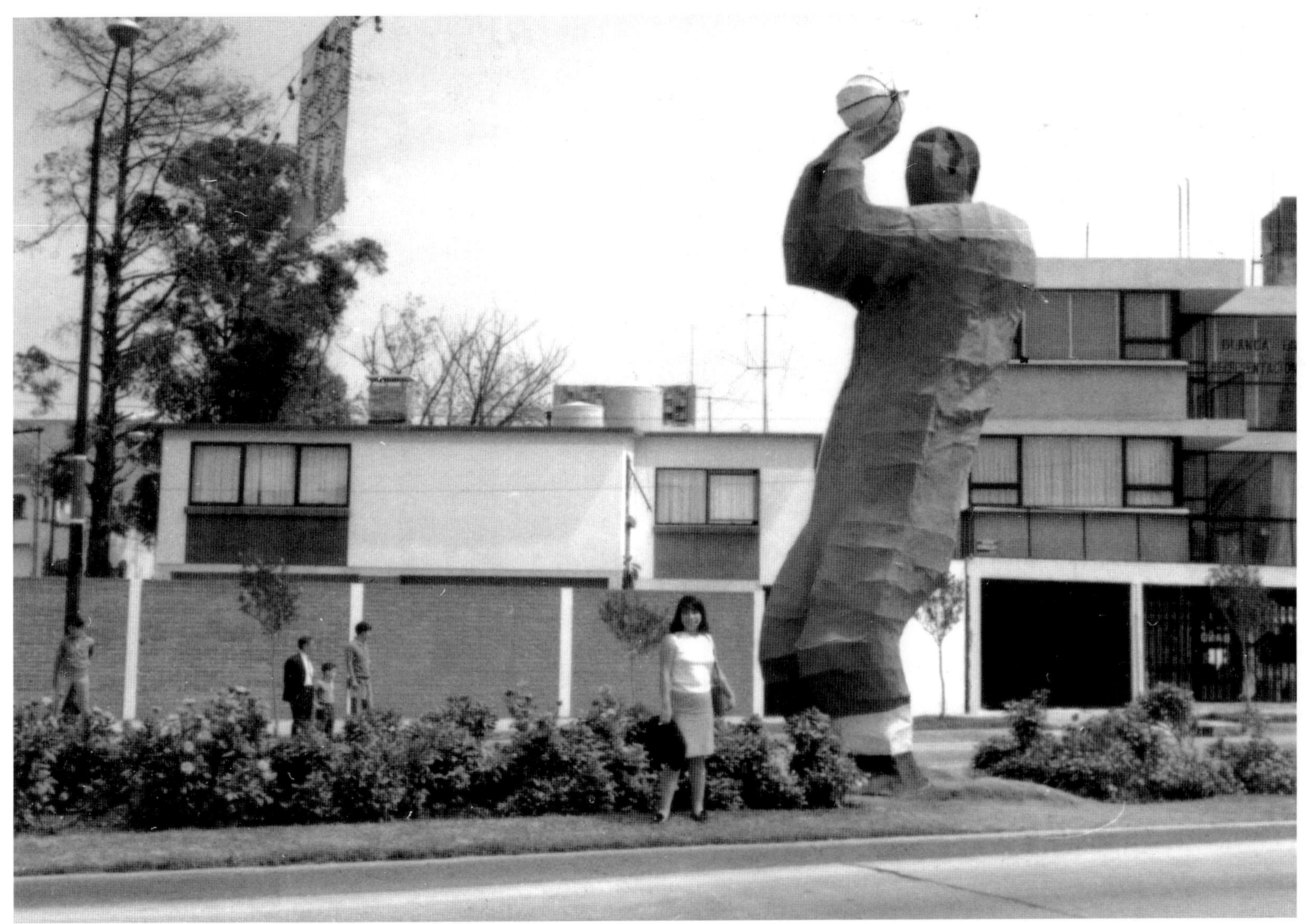

1950
1960
1970
1980

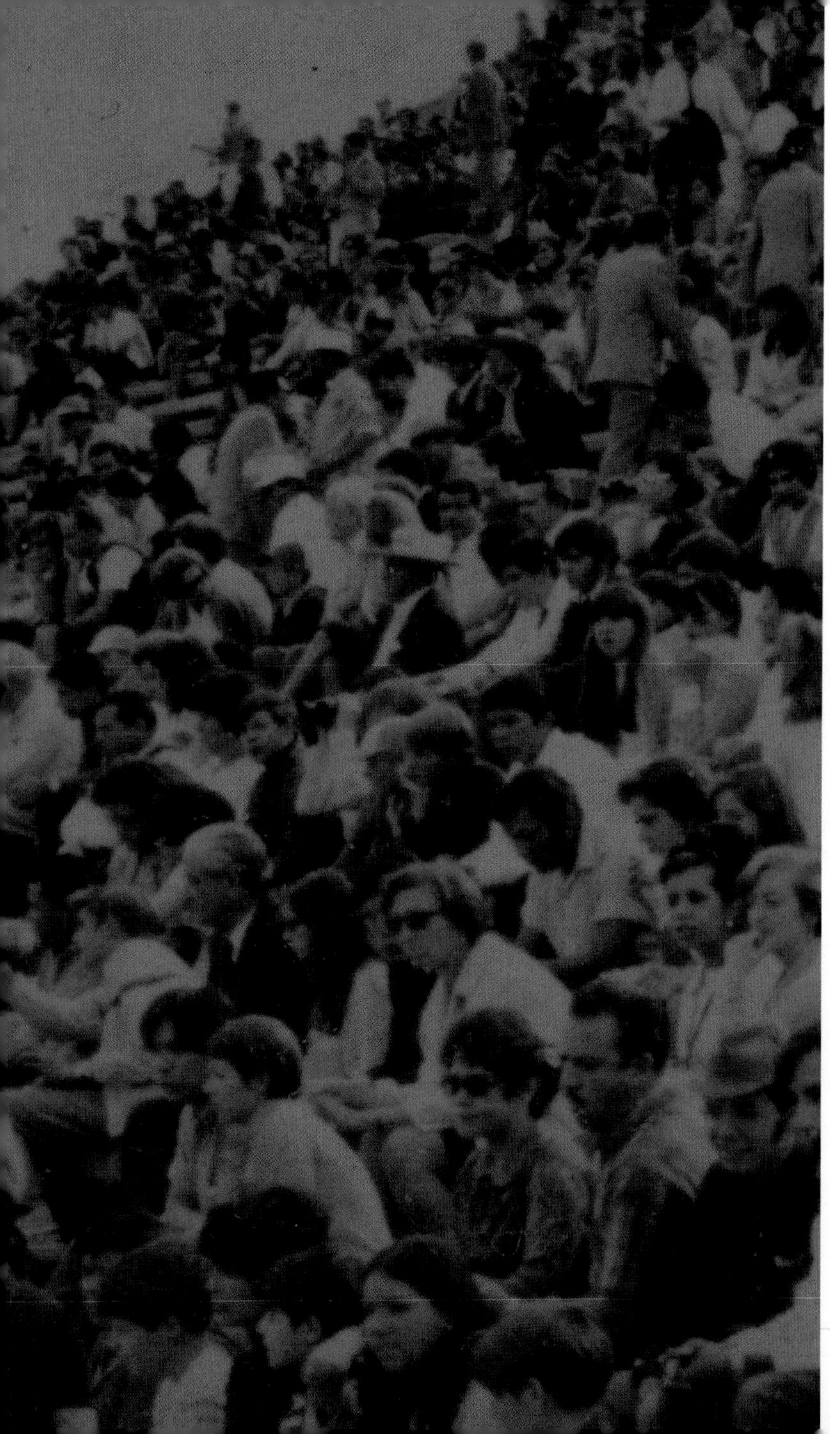

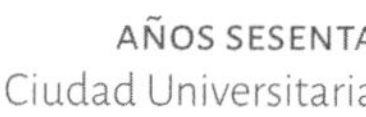

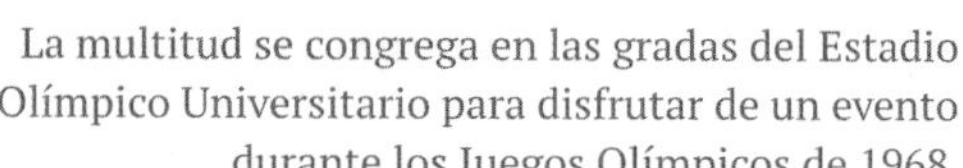
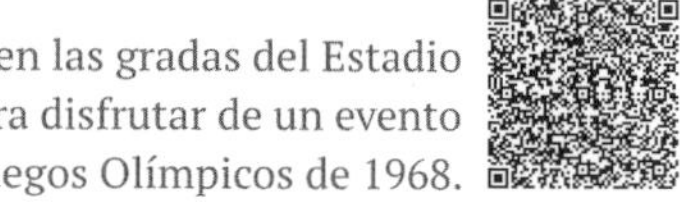

La multitud se congrega en las gradas del Estadio
Olímpico Universitario para disfrutar de un evento
durante los Juegos Olímpicos de 1968.

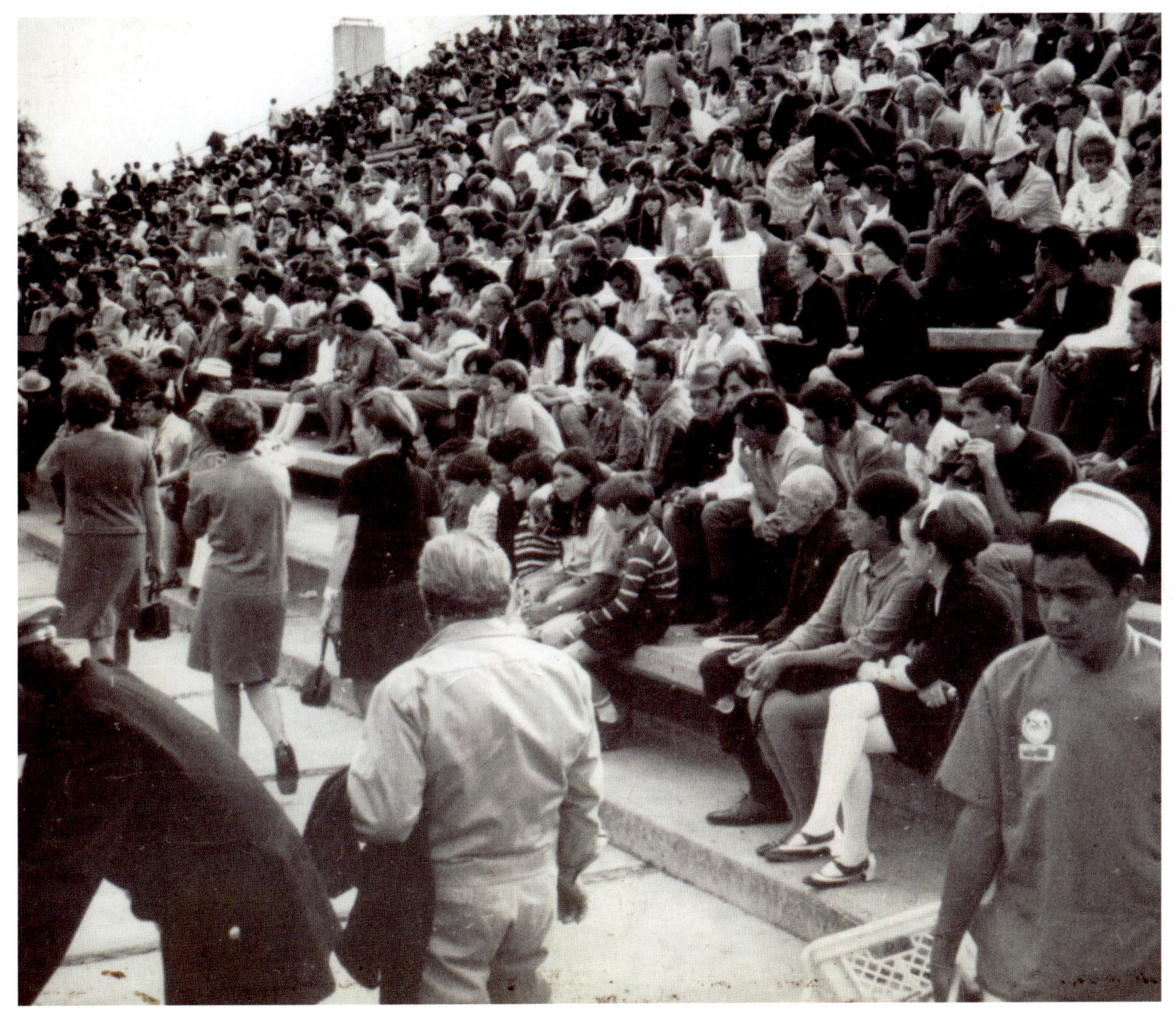

1950
1960
1970
1980

La fantasía se hace realidad en esta imagen a través de un
niño disfrazado de Kalimán, en medio de un estacionamiento
en la ya desde entonces sobrepoblada capital de México de
los años setenta. Frente a un distintivo «vochito», cobraba
vida uno de los héroes infantiles más populares de las
tiras cómicas de la época. La enorme popularidad de esta
especie de sabio con enorme fuerza física inició con la
serie radiofónica homónima de 1963. Según contaban los
1 351 números consecutivos impresos en papel color sepia,
publicados de 1965 a 1991 en México, Centroamérica, el Caribe
y algunos países sudamericanos, Kalimán —personaje de
origen mexicano entrenado en el Tíbet— impartía justicia,
mediante sus poderes mentales, a todo tipo de malandrines
y villanos que trastocaran la paz de los ciudadanos. | IRP

En un típico festival de primavera
de los años setenta, no podía faltar
la presencia de Kalimán, el hombre
increíble, y su tigre de bengala.

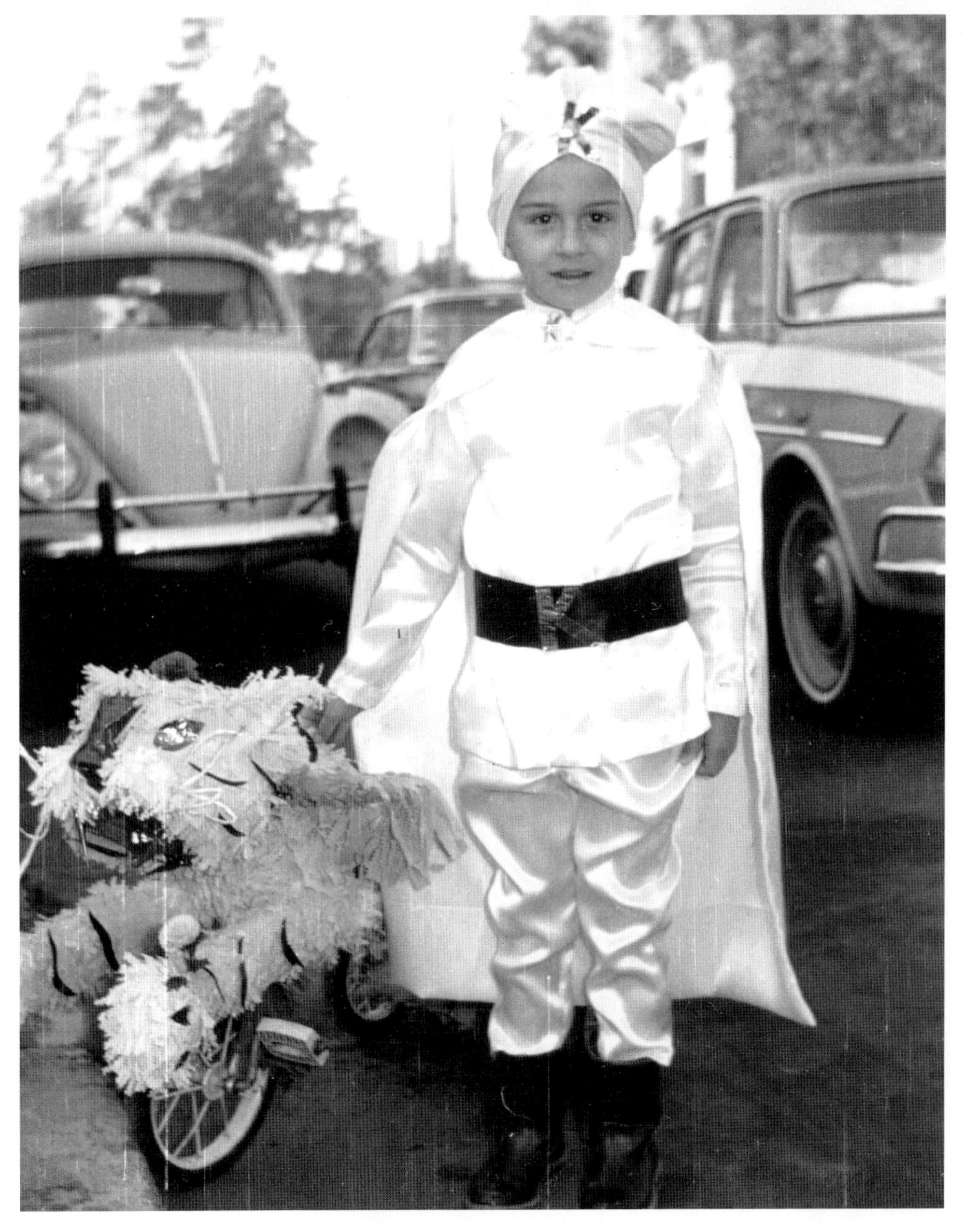

1950   1960   1970   1980

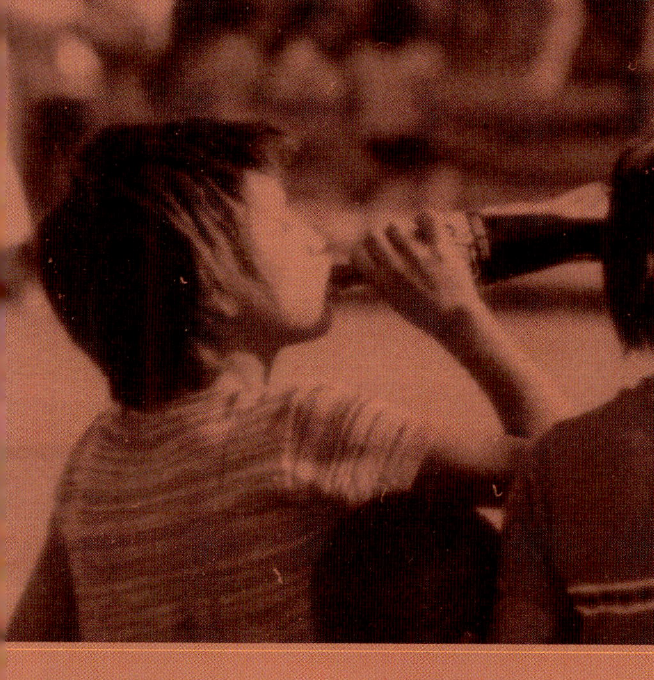

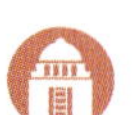

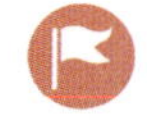

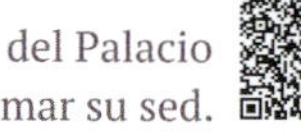

¿Un chesquito pa'l calor? Un puesto ambulante en las inmediaciones del Palacio de Bellas Artes ayuda a algunos transeúntes a calmar su sed.

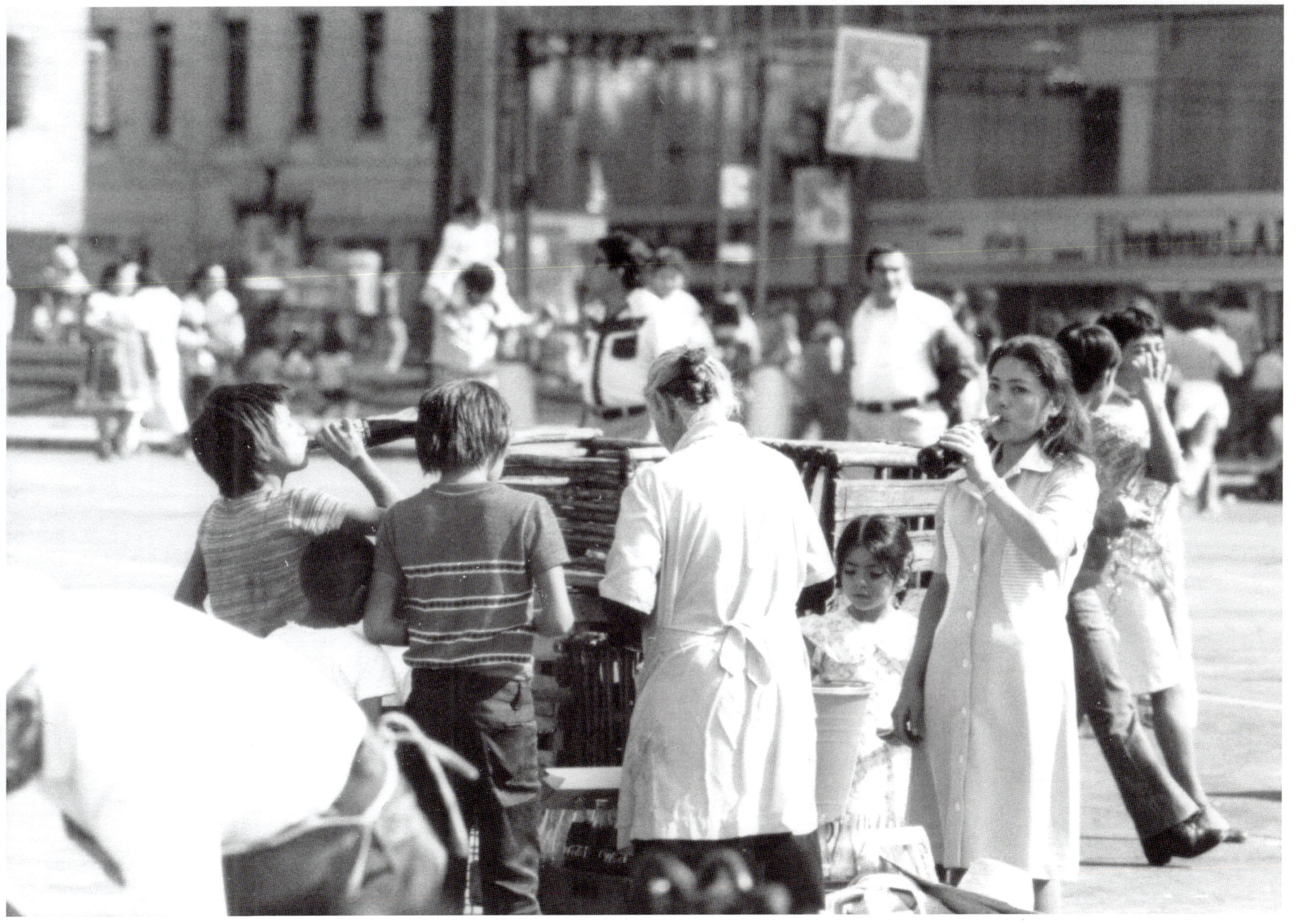

1950
1960
1970
1980

¿Quién no recuerda haber tenido un triciclo en su niñez, como la pequeña de la imagen? Este tipo de paseos infantiles gozaron de gran popularidad en la capital de México de finales de los años cincuenta. La ciudad mostraba ya un rostro más urbano y moderno: el popular tranvía, elegantes automóviles, cableado eléctrico, construcciones de concreto de dos niveles, anuncios espectaculares, así como banquetas, y calles bien trazadas y pavimentadas.
La costumbre se mantiene hasta hoy, como una de las vías de recreación que los niños pueden encontrar en una urbe como esta. En mi caso, recuerdo a mis hijos en su triciclo de la marca Apache, dando vueltas por las plazas y jardines de la ciudad. | IRP

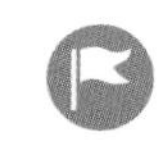

Una niña a punto de subirse a su triciclo en la calzada de Guadalupe, cuando todavía circulaban tranvías.

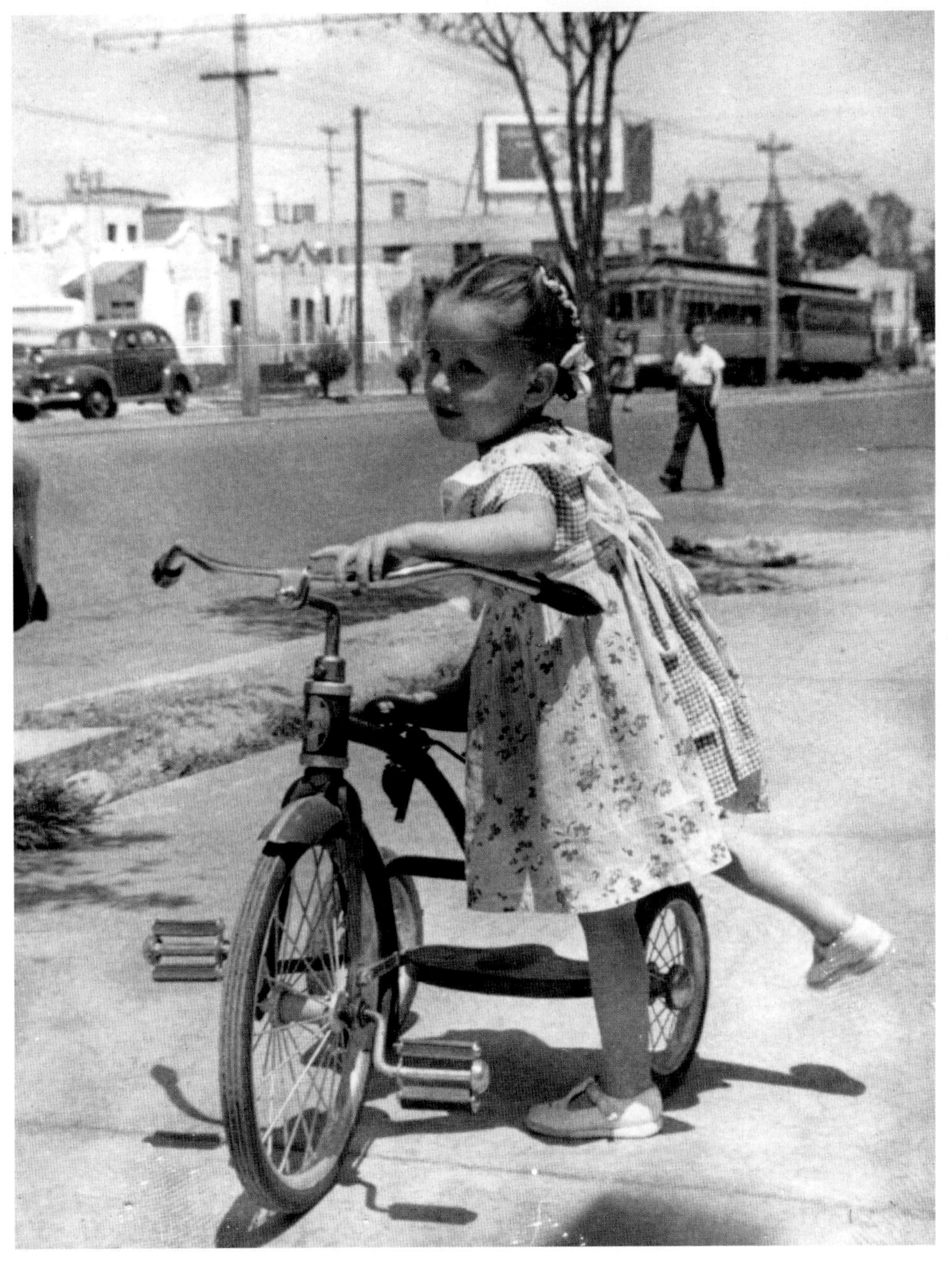

1950
1960
1970
1980

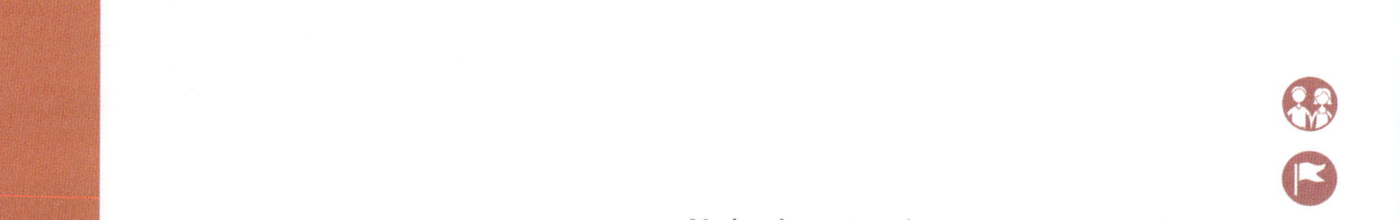

Muchos de nosotros alguna vez compramos un frasquito reciclado de Gerber con una solución jabonosa de dudosa procedencia para hacer burbujas, como los que se vendían en este puesto ambulante en La Merced.

1920   1930   1940

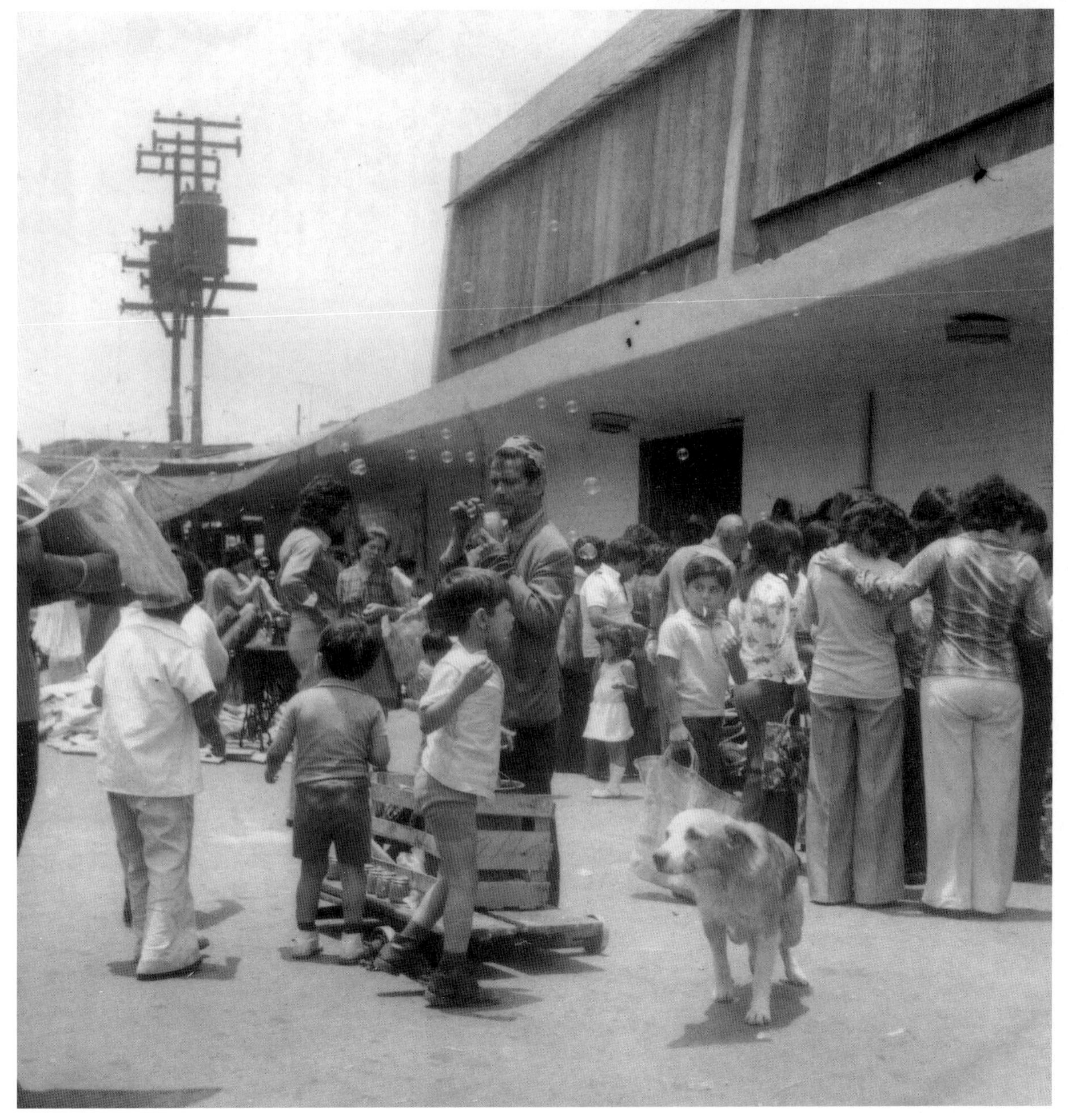

1950 1960 1970 1980

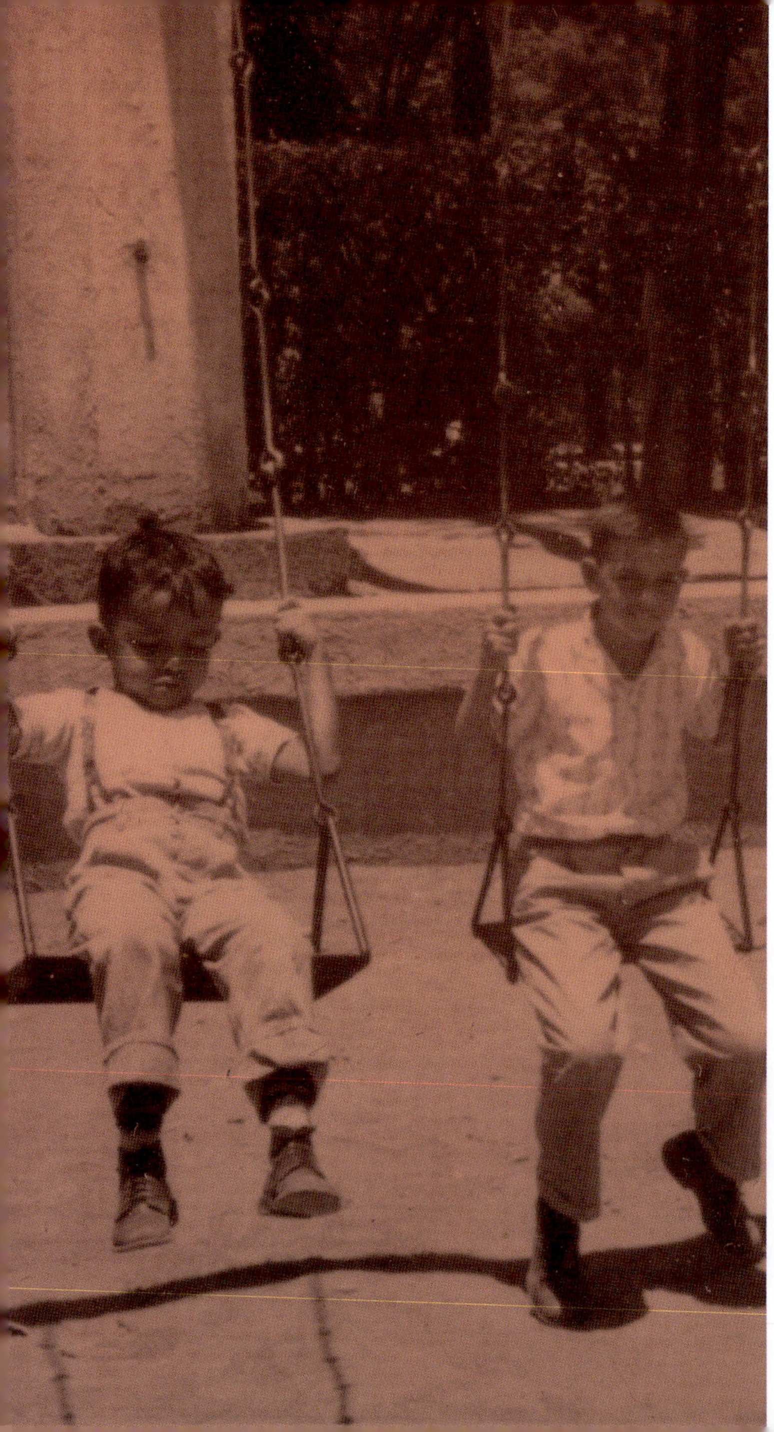

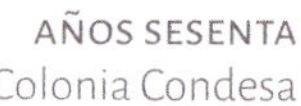

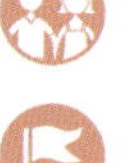

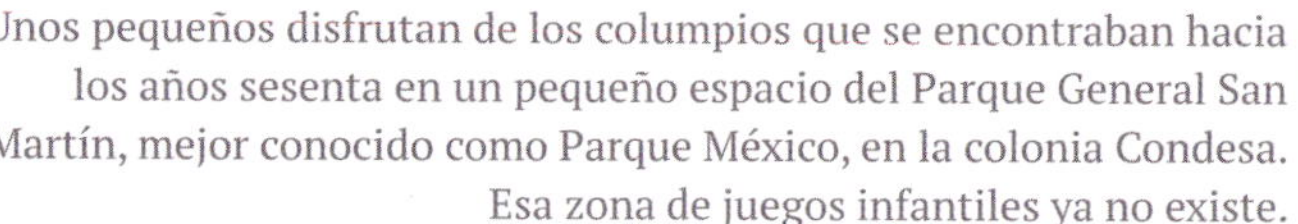
Unos pequeños disfrutan de los columpios que se encontraban hacia los años sesenta en un pequeño espacio del Parque General San Martín, mejor conocido como Parque México, en la colonia Condesa. Esa zona de juegos infantiles ya no existe.

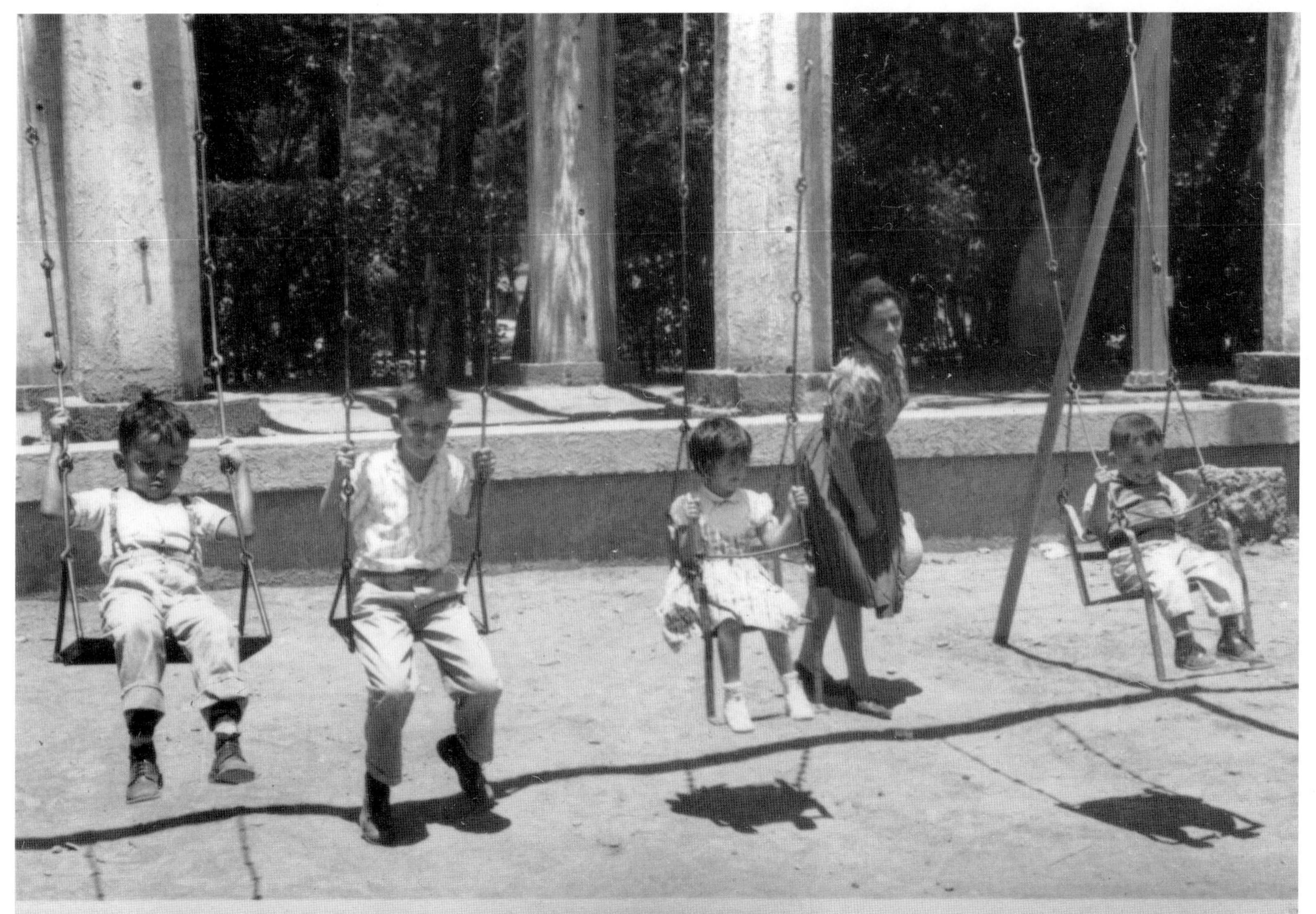

1950
1960
1970
1980

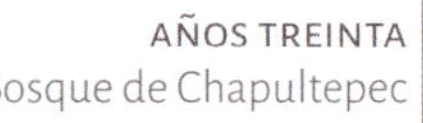

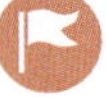

Dos pequeños posan arriba de un dromedario,
algo común en el Bosque de Chapultepec.

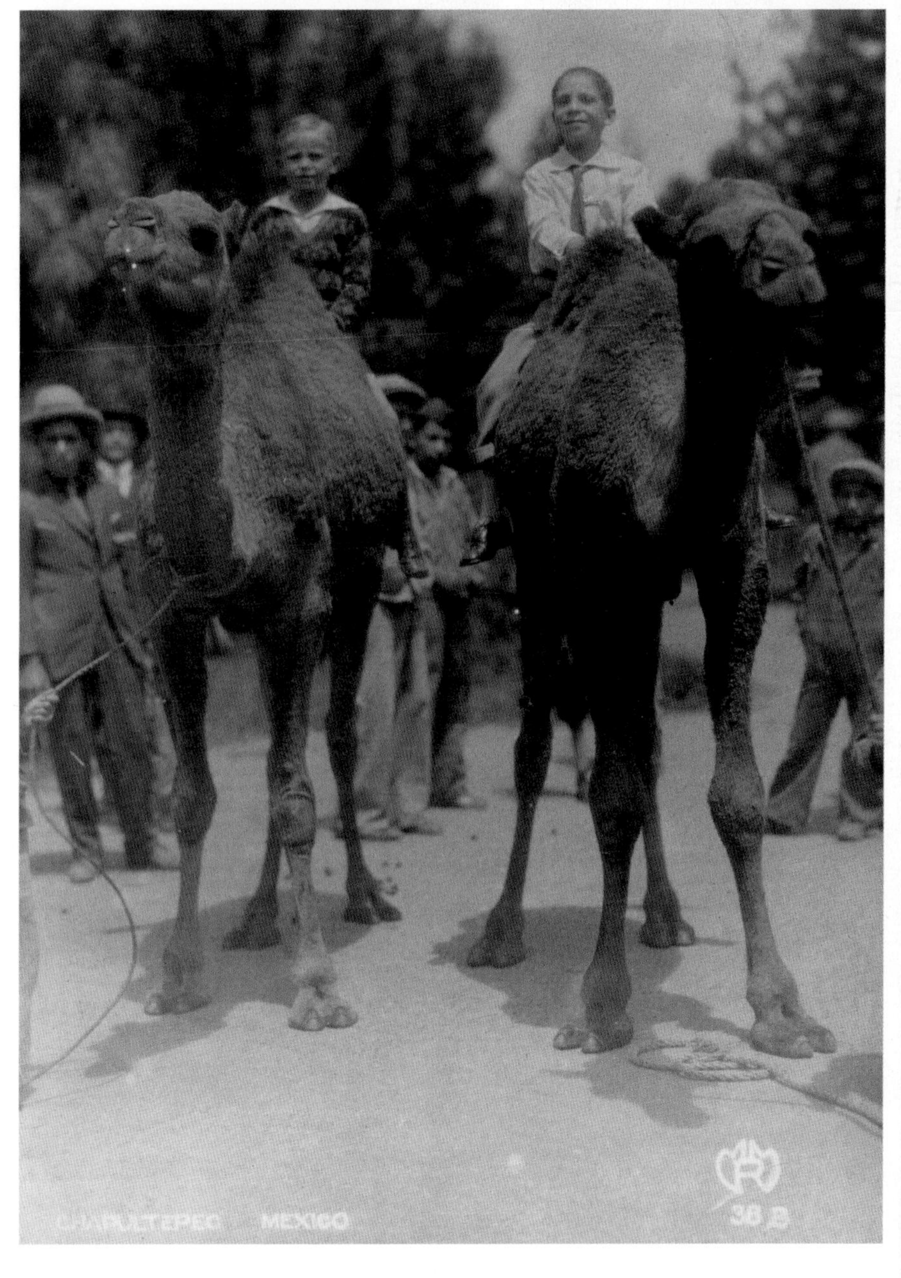

1950

1960

1970

1980

A finales de los años cincuenta del siglo pasado, la televisión comenzó a funcionar de manera cotidiana en los hogares mexicanos. Resultó un gran acontecimiento, pues las afortunadas familias que podían adquirir uno de aquellos voluminosos y costosos aparatos se reunían para ver —incluso durante la cena— sus programas favoritos con gran expectación. Los televisores, generalmente ubicados en la sala de la casa, se decoraban con todo tipo de objetos, lo que los convertía en verdaderos muebles que denotaban modernidad y estatus. Hoy resulta cada vez más lejana dicha costumbre, pues los contenidos televisivos se consumen por libre demanda: a cualquier hora y en la plataforma digital de elección. | IRP

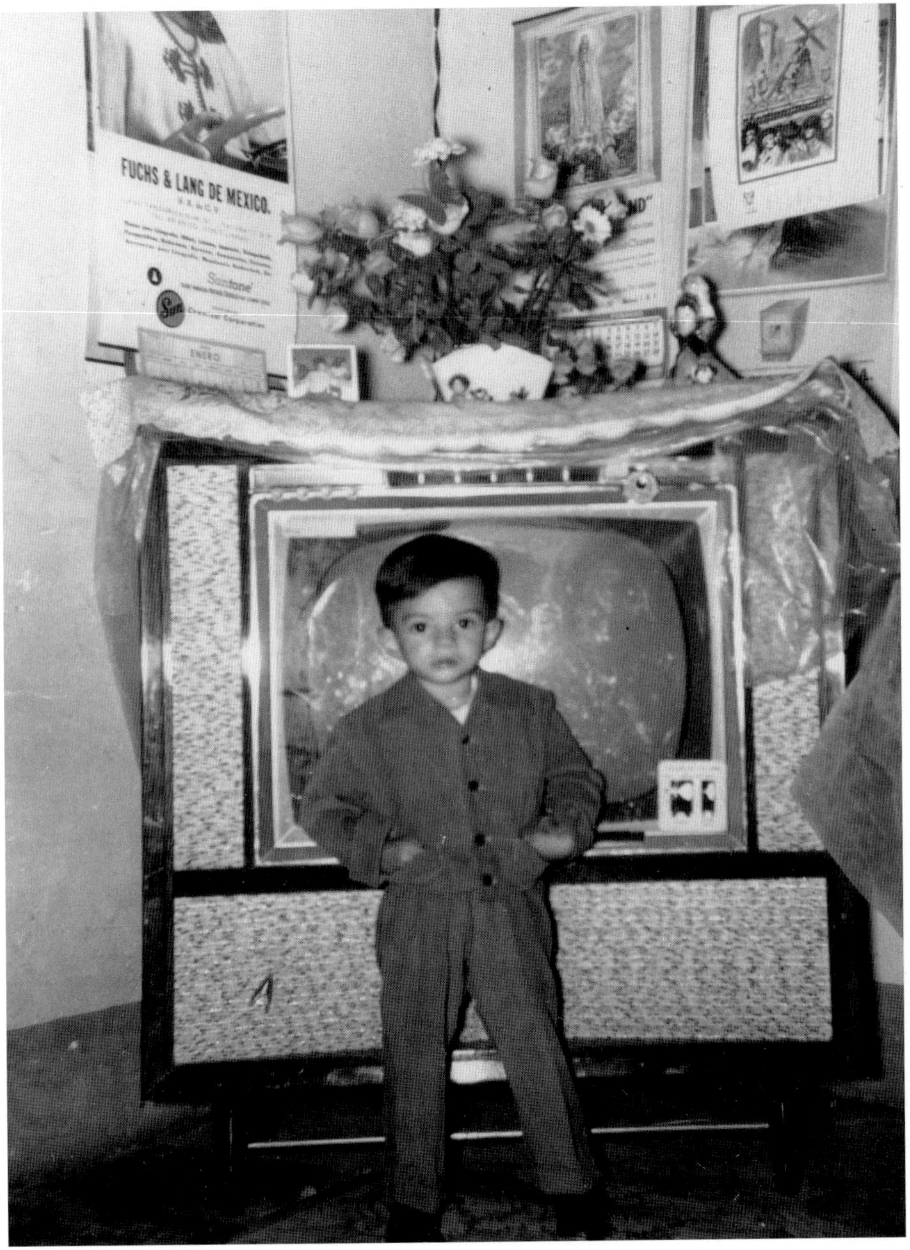

La llegada de la televisión significó todo un suceso para los hogares mexicanos. Aquí un niño pequeño posa orgulloso frente al enorme televisor en la sala de su casa.

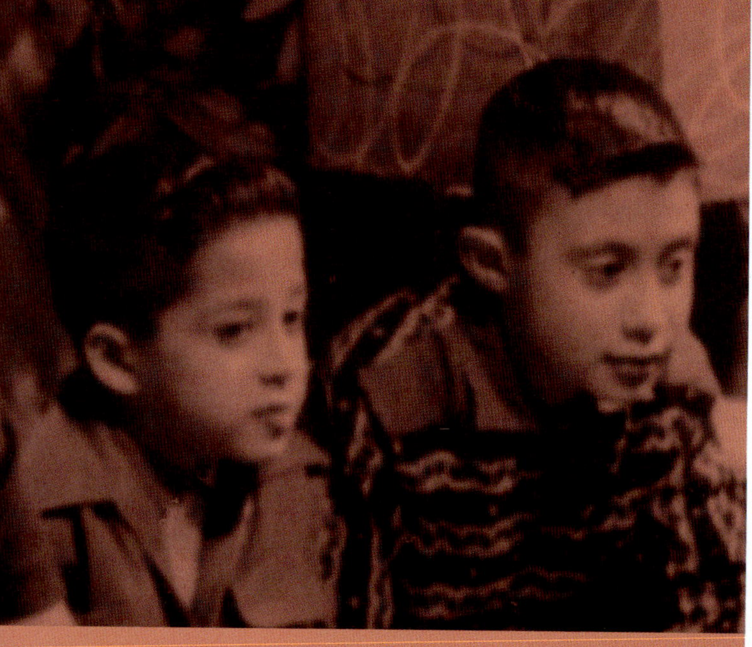

Una típica estampa de los años sesenta, cuando todos los amiguitos del niño con el mejor televisor de la colonia acudían «en bola» a ver su serie preferida en las tardes de programas infantiles.

1920

1930

1940

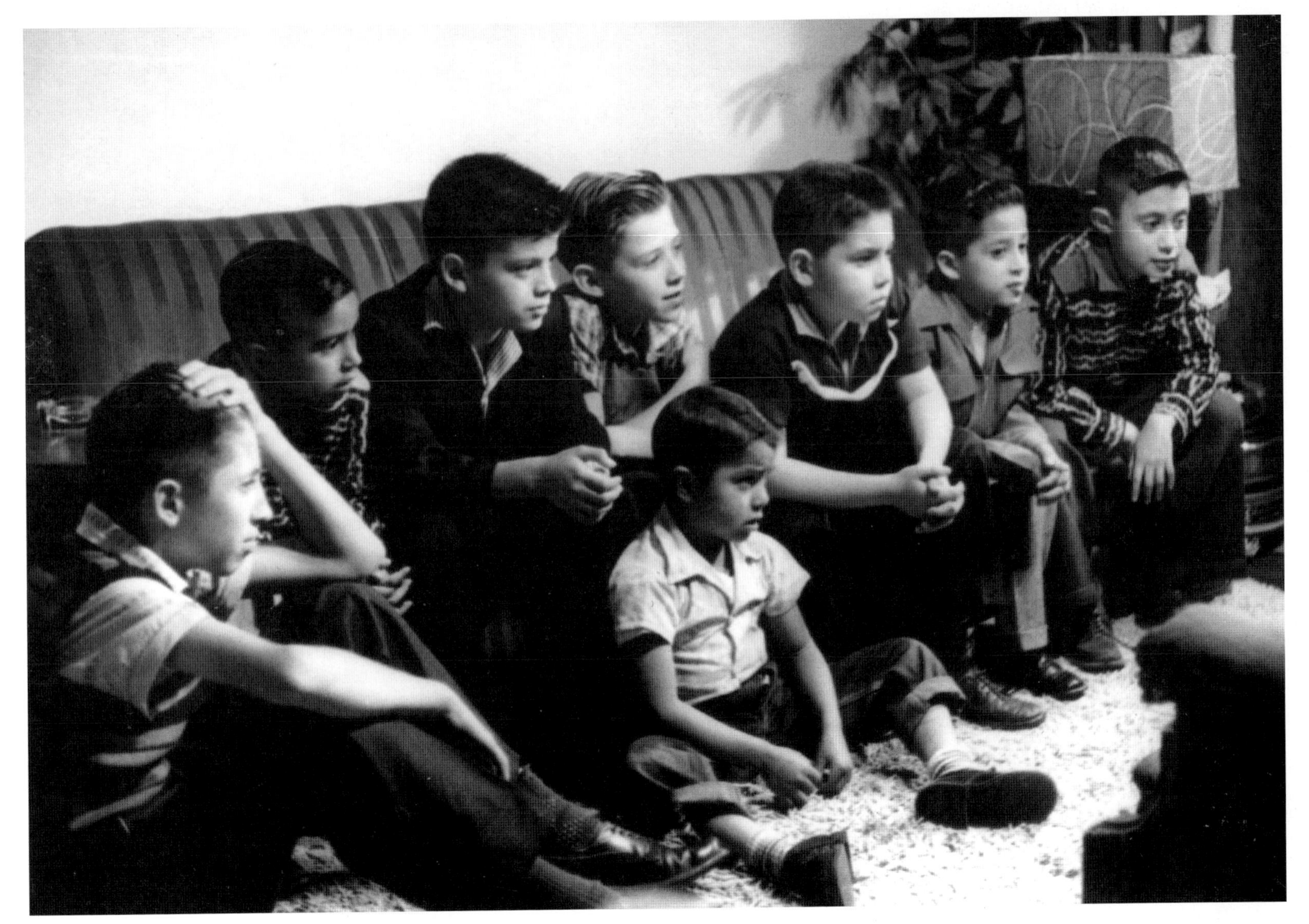

1950 1960 1970 1980

Cuando se habla de circos en México, en mi mente escucho invariablemente «¡Buenavista, Buenavista, Buenavista!», parte del *spot* que anunciaba la llegada de uno de los circos más emblemáticos de la Ciudad de México: el Circo Unión de los Hermanos Fuentes Gasca. En la parte superior de esta imagen, se alcanza a distinguir su nombre. Año con año, desde que don Jesús Fuentes y doña María Luisa Gasca lo fundaran, el 14 de agosto de 1938, se presentaba en el inmenso predio baldío ubicado en avenida Insurgentes Norte y Puente de Alvarado, muy cerca de la gran estación de trenes de Buenavista (de ahí la frase del anuncio). Actualmente, continúa deleitando al público aficionado al circo, con funciones en distintos puntos de la República mexicana y Estados Unidos, mediante números acrobáticos, cómicos y artísticos, ya sin los característicos animales, debido a que hoy la ley prohíbe que se utilicen en espectáculos circenses o de cualquier otro tipo. | IRP

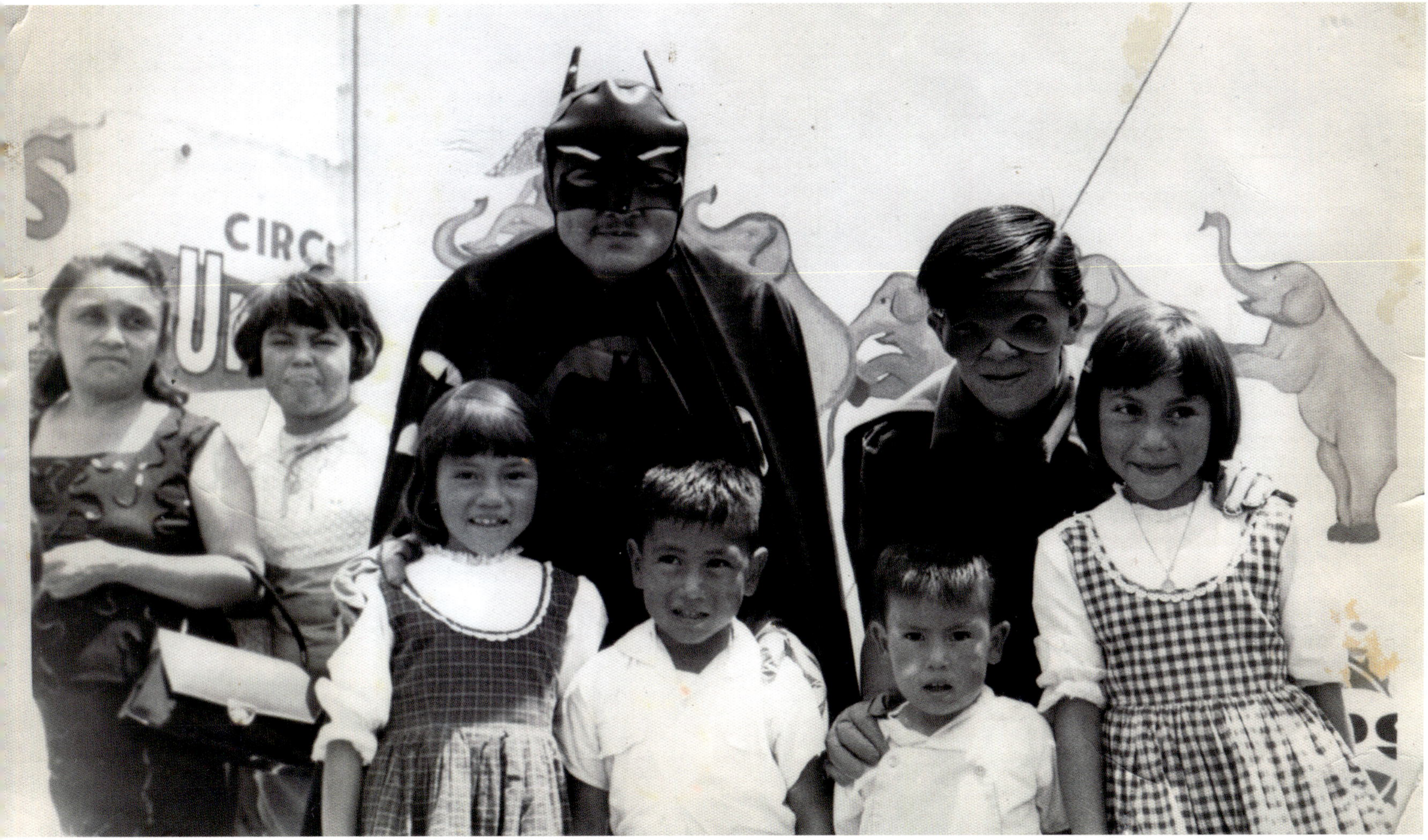

Unos chiquillos aprovechan su visita al circo
para retratarse con sus héroes favoritos.

1950   1960   1970   1980

La costumbre de festejar el cumpleaños o santo de una persona en México data de la época virreinal. Comúnmente, el día que el festejado celebraba su santo —es decir, la conmemoración de un personaje ejemplar del santoral católico— coincidía con el día en que había nacido, ya que la arraigada tradición religiosa dictaba que se llamara al niño o a la niña de acuerdo con el nombre de la patrona o patrono que se conmemorara en dicho calendario. En la actualidad, esa tradición está prácticamente en desuso. Sin embargo, en los festejos, se siguen entonando las tradicionales «Mañanitas», que hace referencia a esta costumbre en una de sus estrofas.

Partir un pastel y soplar las velitas tampoco puede faltar en una celebración. Esta tradición llegó con los europeos, heredada de varias culturas de la Antigüedad, para simbolizar en los rituales religiosos luz, felicidad y dulzura. Todavía es una costumbre muy popular hoy en día. En las bodas, el primer alimento que consumen los recién casados de la mano amorosa de su cónyuge es una rebanada del pastel nupcial, pues mientras más dulce sea este, más lo será su vida futura. Lo mismo sucede en los cumpleaños, en los que se desea al festejado esa misma dulzura para el año venidero. | IRP

Un niño sopla la velita con forma de Pinocho de su pastel de cumpleaños; luce feliz con su traje de marinerito, un atuendo bastante habitual en la época.

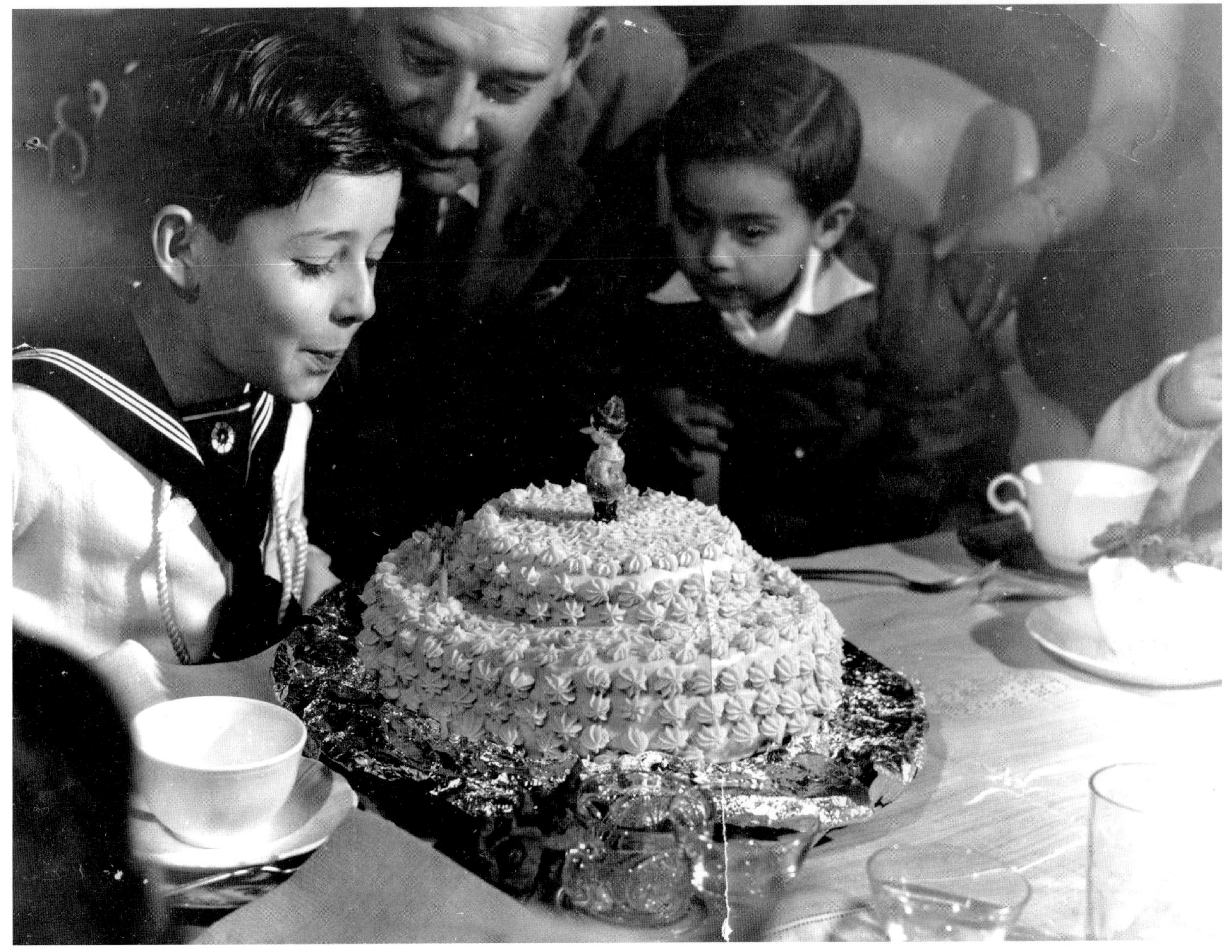

1950
1960
1970
1980

Cinco niñas aprovechan el estribo del auto familiar para regalarnos esta entrañable imagen para el recuerdo.

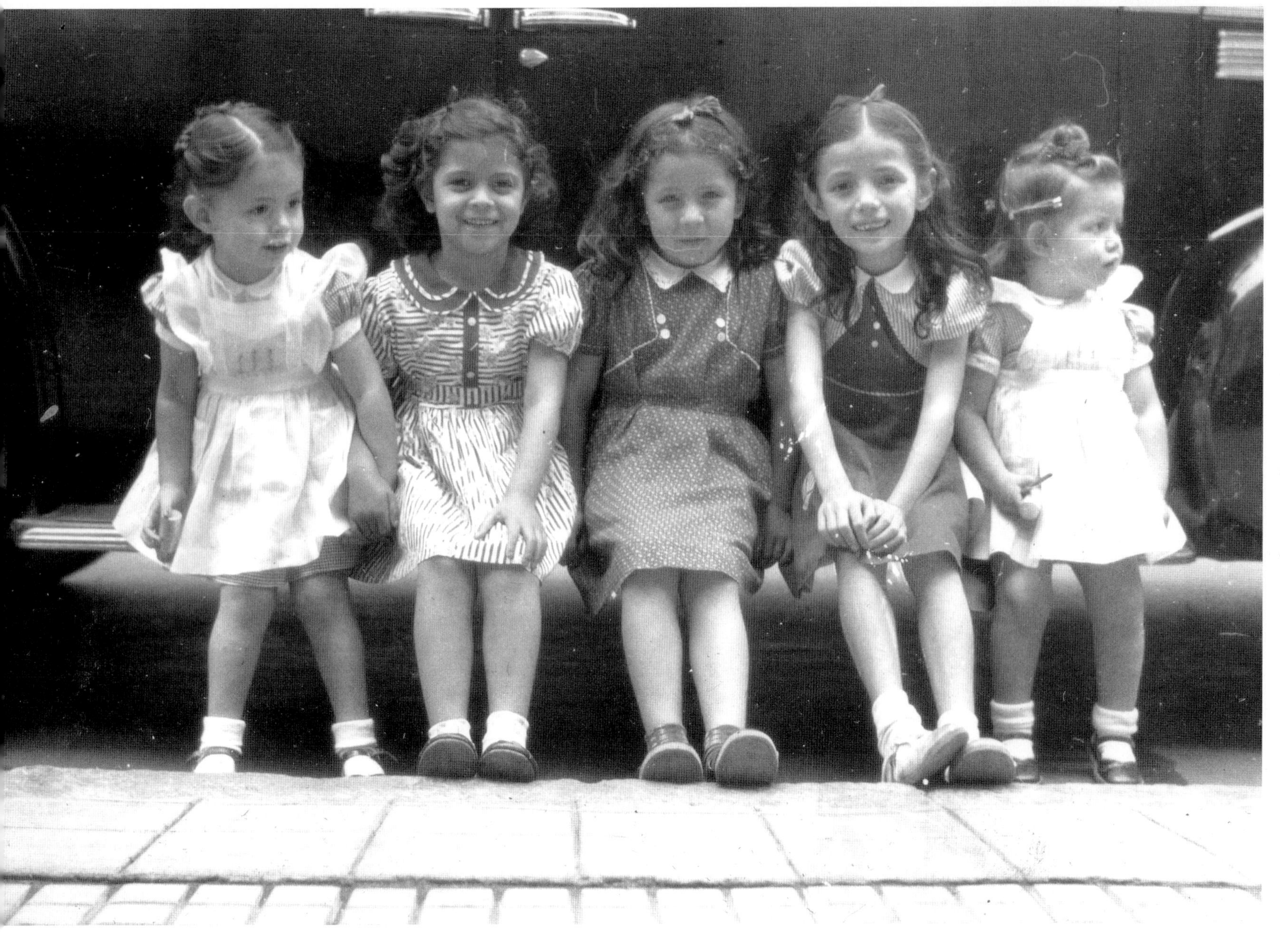

1950
1960
1970
1980

El rostro de Gulliver, uno de los atractivos del desaparecido Centro de Convivencia Infantil Benito Juárez, en Chapultepec. En esta zona también se ubicaba el Sistema de Tránsito Infantil, en donde se enseñaba a los más pequeños a andar en sus triciclos de forma responsable; incluso había semáforos en los cruceros de vialidades principales.

1920　　　　1930　　　　1940

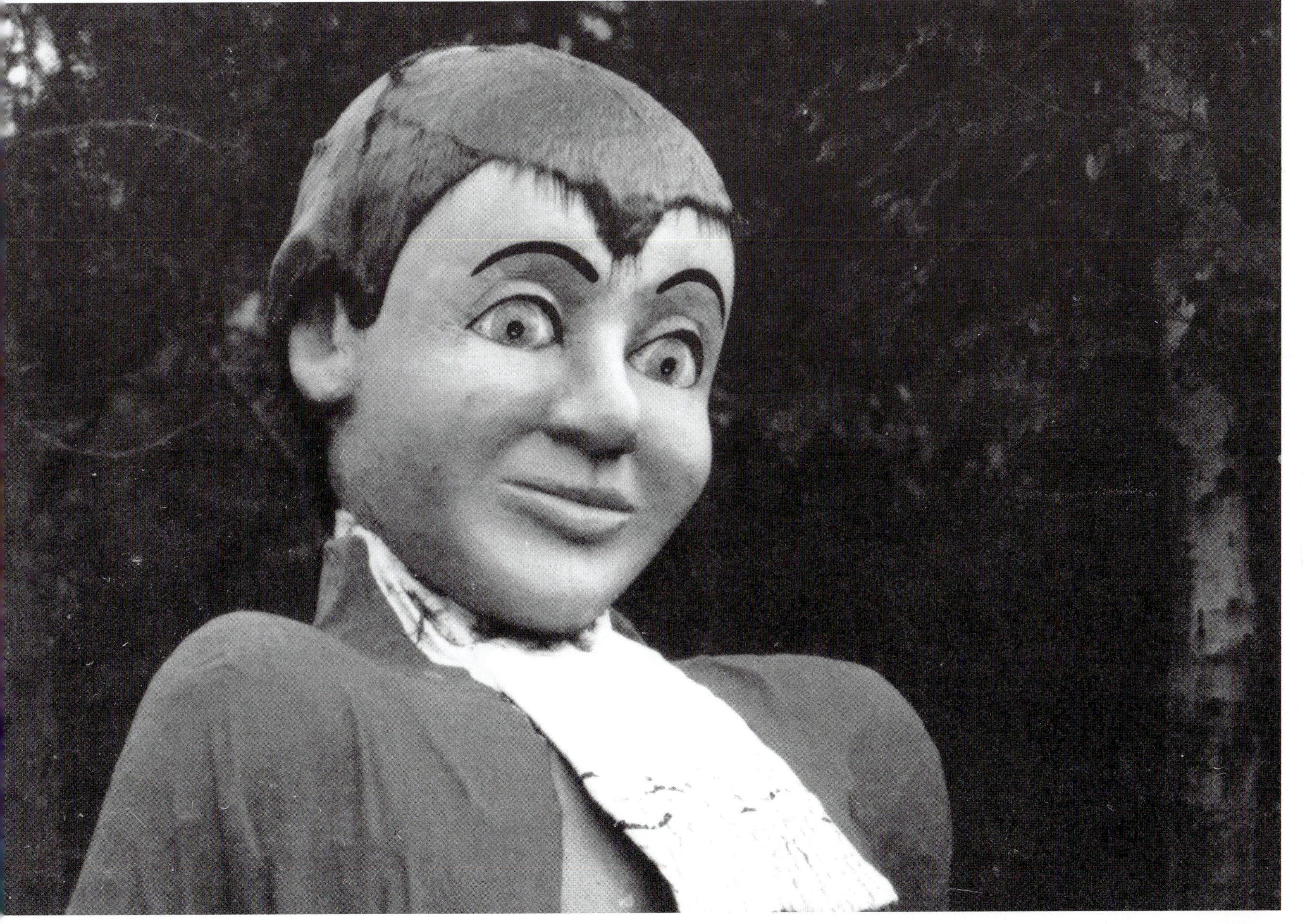

1950
1960
1970
1980

Como testigo de todos los acontecimientos capitalinos de varias centurias, en las entrañas de la Alameda Central ha quedado registro de diversas épocas, como el Virreinato, el Primer y el Segundo Imperio, la Reforma y la República Restaurada, a la que hace referencia el imponente monumento a Benito Juárez, el personaje más destacado de estos dos últimos periodos, que se encuentra en sus terruños. Bajo la sombra y el cobijo del hemiciclo, ideado por el arquitecto Guillermo Heredia e inaugurado en 1910, se han dado cita ciudadanos de todos los estratos sociales, lo mismo chicos, como las niñas de la fotografía, que grandes. Muchos tenemos una fotografía en sus inmediaciones; en mi caso, se trata de una con los tradicionales Reyes Magos, que durante muchos años se ubicaron ahí y cuya romería hoy tiene su sede en el Monumento a la Revolución. | IRP

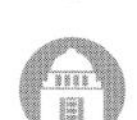

Una niña juega en la fuente que adornaba la parte posterior del Hemiciclo a Benito Juárez y que desapareció en una remodelación de la Alameda Central.

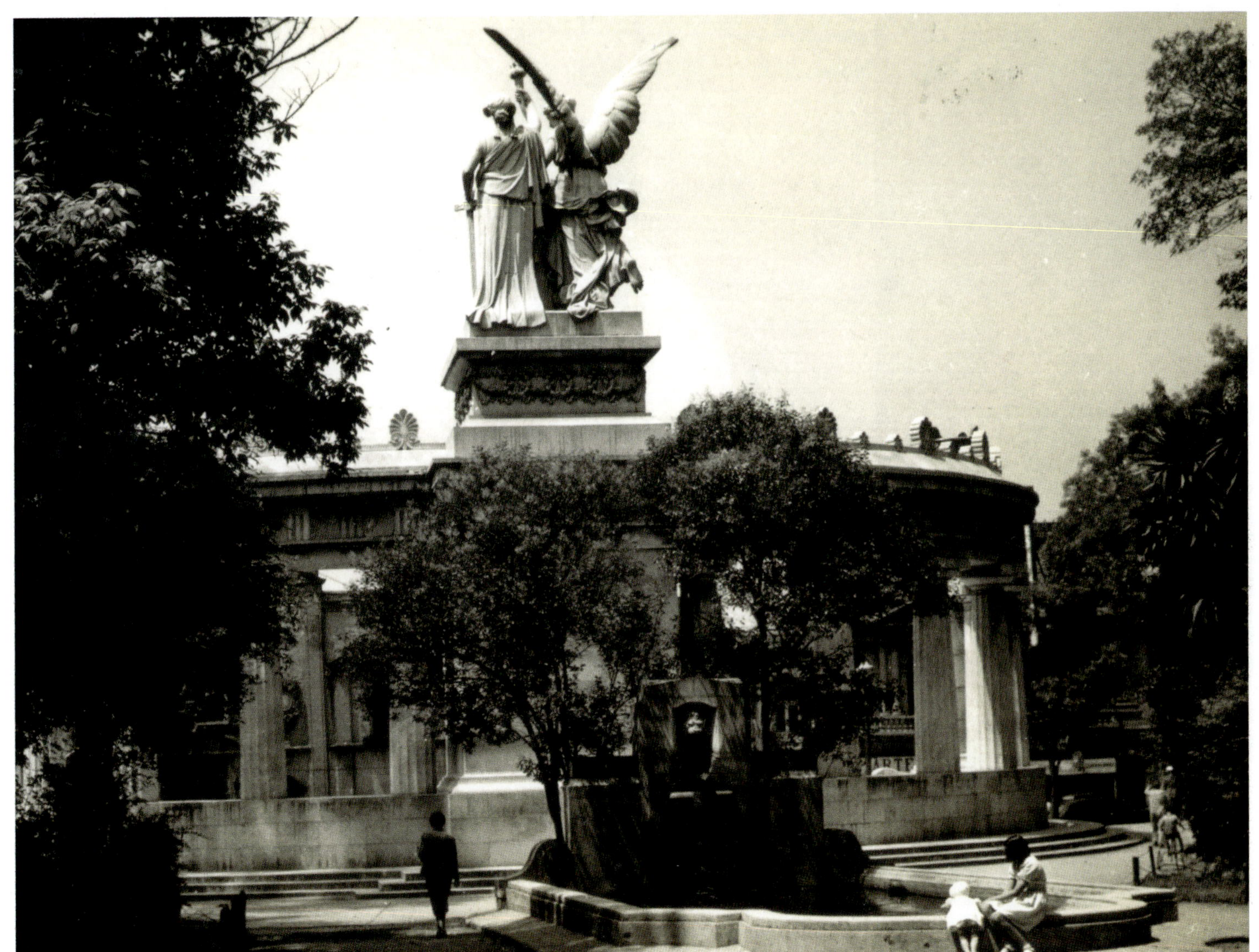

1950
1960
1970
1980

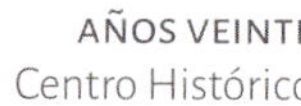

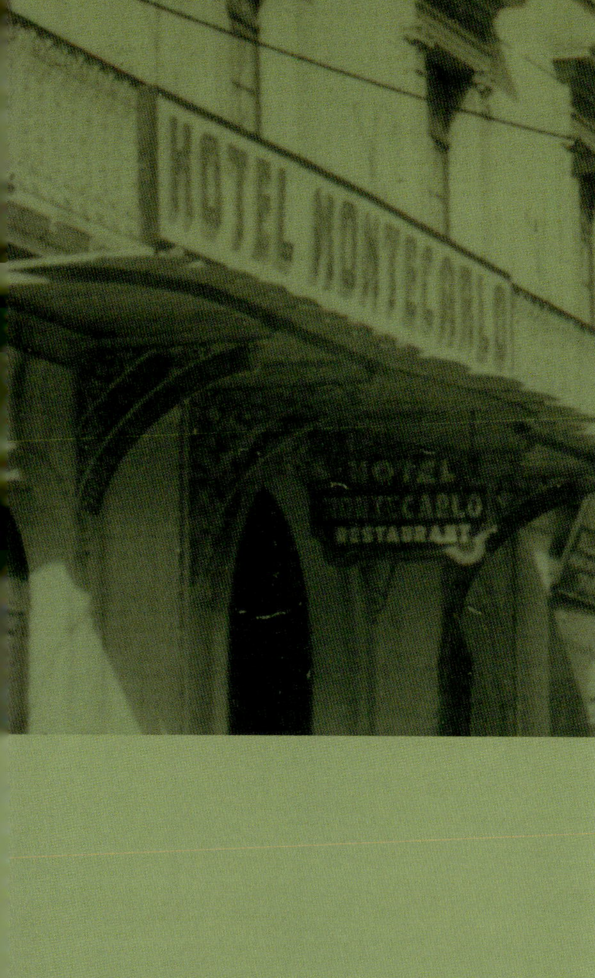

En el número 69 de la calle República de Uruguay, aún se encuentra el hotel Montecarlo, donde alguna vez se hospedó el escritor inglés D. H. Lawrence, autor de la novela *La serpiente emplumada*, ambientada e inspirada en México. Se cuentan diversas historias de fantasmas en torno a este edificio.

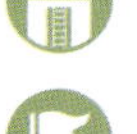

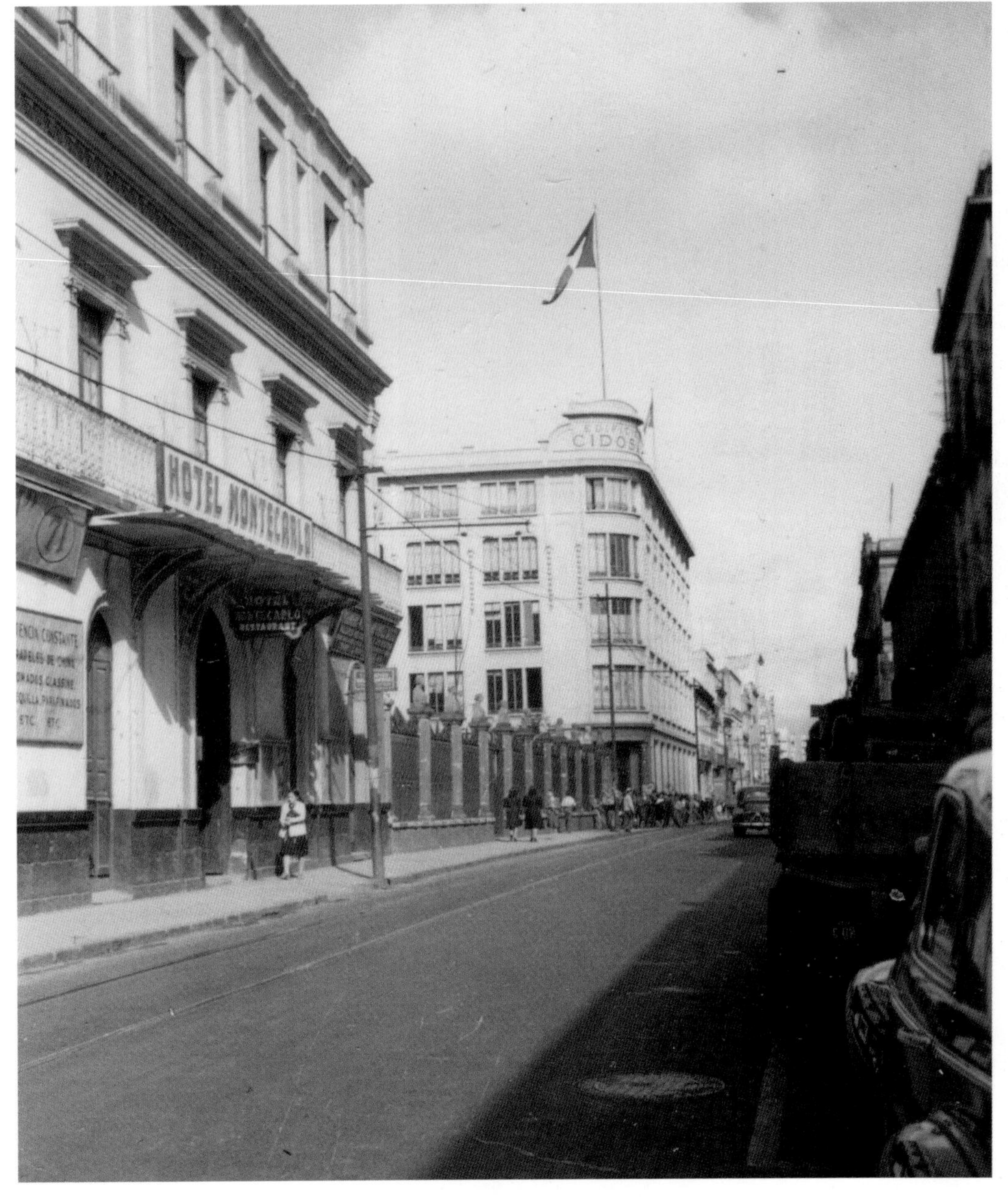

HOTEL MONTECARLO
CIDOS

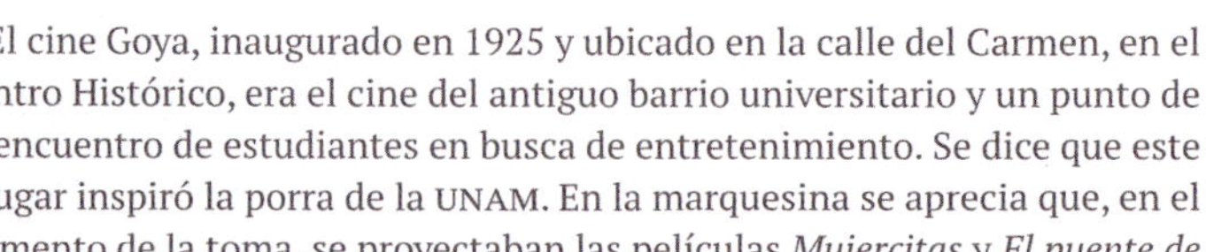

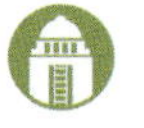

El cine Goya, inaugurado en 1925 y ubicado en la calle del Carmen, en el Centro Histórico, era el cine del antiguo barrio universitario y un punto de encuentro de estudiantes en busca de entretenimiento. Se dice que este lugar inspiró la porra de la UNAM. En la marquesina se aprecia que, en el momento de la toma, se proyectaban las películas *Mujercitas* y *El puente de Waterloo*, del director estadounidense Mervyn LeRoy.

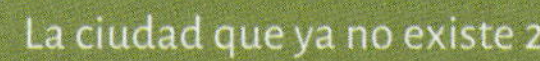

1920

1930

1940

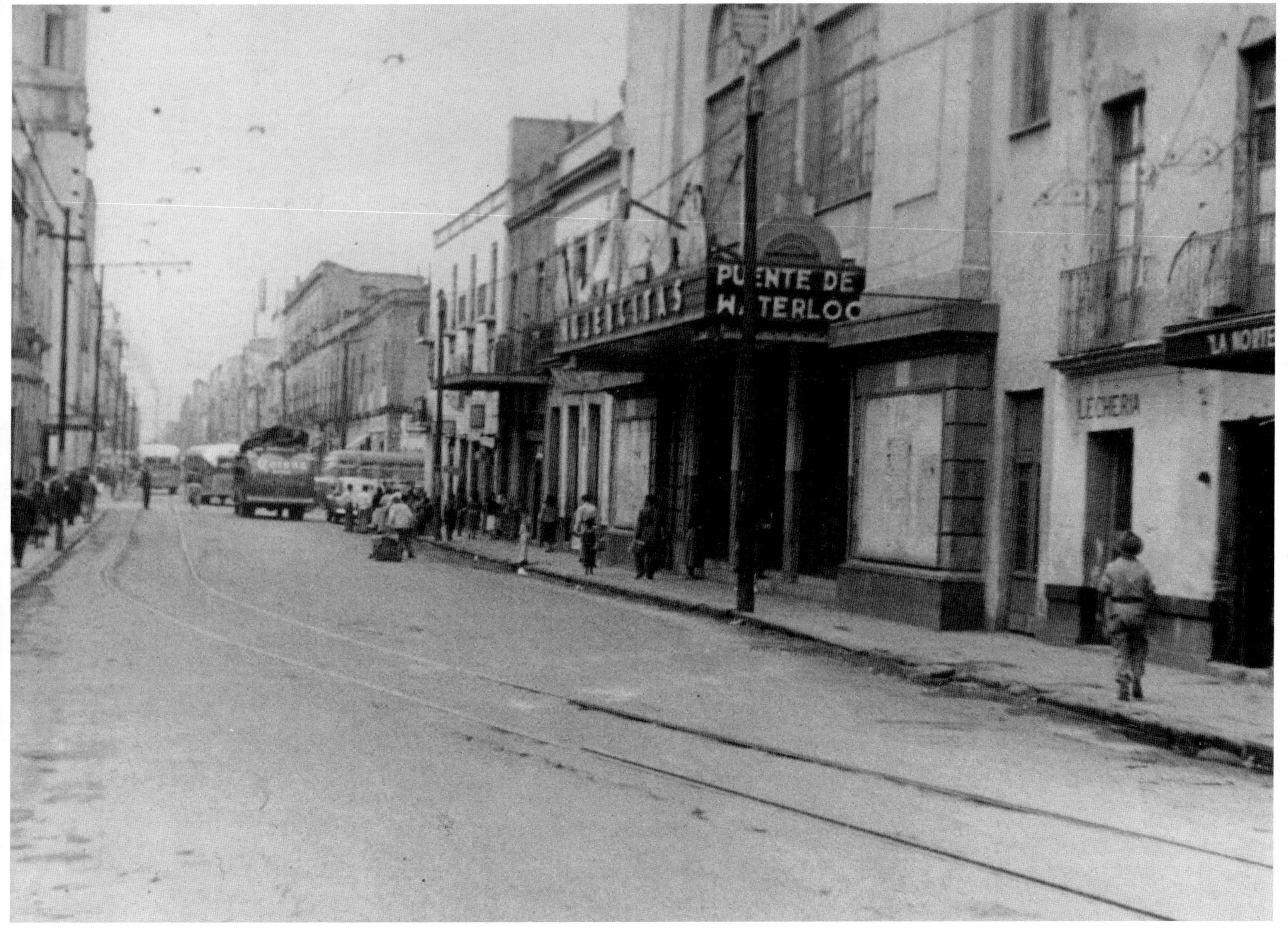

1950   1960   1970   1980

Uno de los múltiples rostros que ha tenido la Plaza de la Constitución de la Ciudad de México a lo largo de sus casi cinco siglos. «Zócalo» es el nombre con que se conoce coloquialmente a esta enorme y emblemática plaza debido a que, por órdenes del presidente Antonio López de Santa Anna, en 1843 se planeó construir en ella un basamento donde se erigiría una columna para conmemorar a los héroes de la Independencia. La inestabilidad política y económica de su gobierno impidió la realización del proyecto escultórico, que estaría a cargo del arquitecto Lorenzo de la Hidalga, por lo que el gran basamento quedó sepultado.

En esta imagen, resalta la belleza de sus hermosos jardines y los magnificentes sagrario y catedral metropolitanos como fondo. Completan el conjunto las magníficas esculturas de los cuatro pegasos realizadas por el escultor español Agustín Querol, que esperaron pacientemente durante siete años en el Zócalo hasta que llegó su momento de retornar al imponente Teatro Nacional —finalmente Palacio de Bellas Artes—, para el cual habían sido ideados y donde originalmente estuvieron ubicados. Hoy flanquean, excelsos, la explanada del máximo escenario artístico de México. | IRP

1920   1930   1940

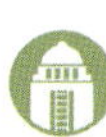
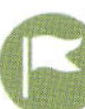

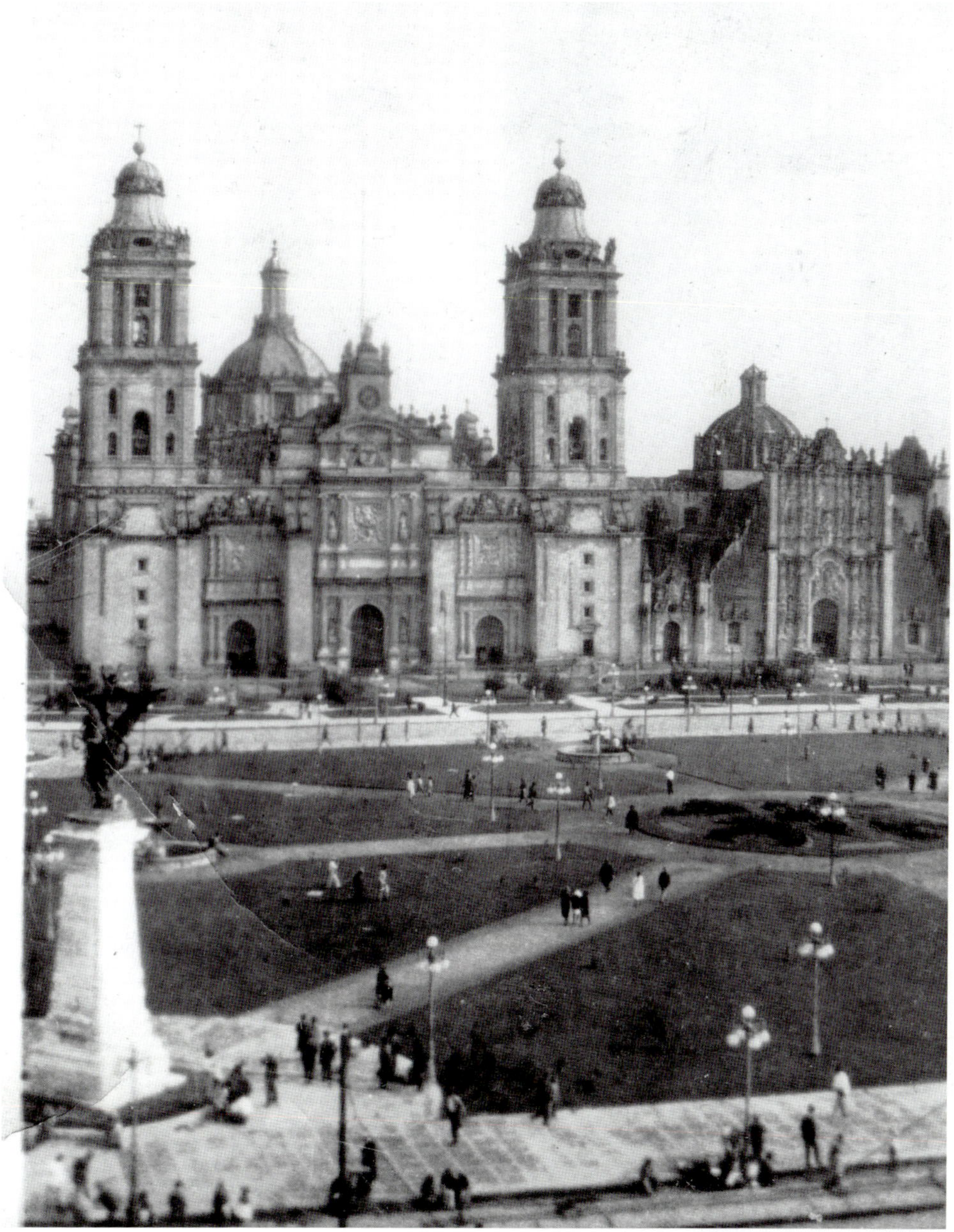

En los años veinte, el Zócalo capitalino semejaba ser un jardín europeo. ¿Se te hacen conocidas esas enormes jardineras?

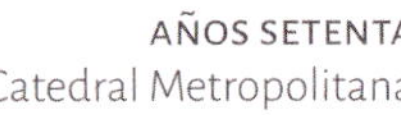

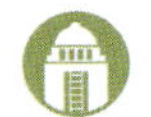

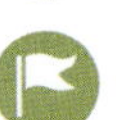

Una escena que solía ser común en las inmediaciones de la Catedral Metropolitana era la de decenas de personas buscando empleo. Siempre estaban listas, con sus herramientas, para realizar alguna chambita.

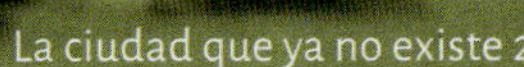

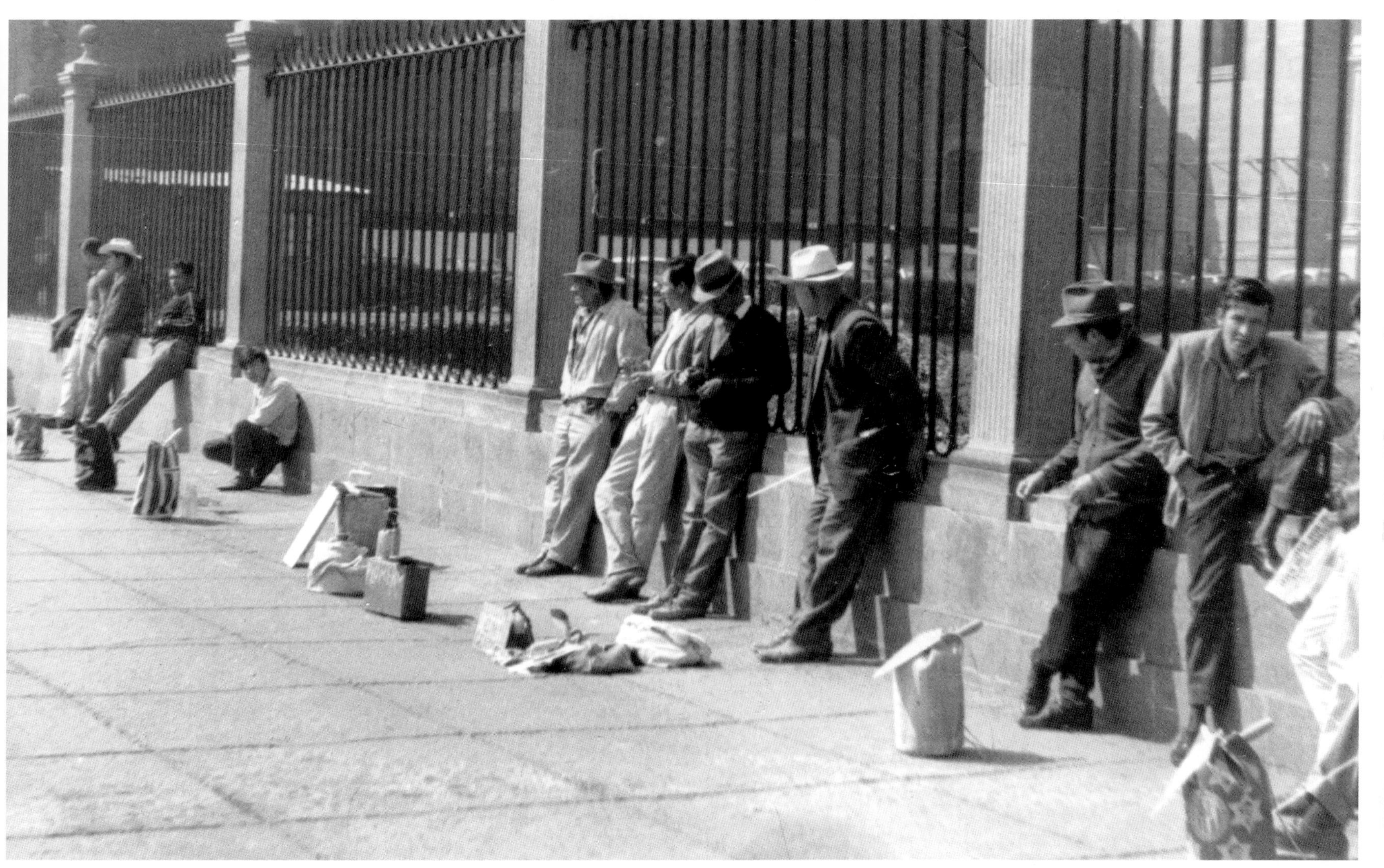

1950
1960
1970
1980

La «Pérgola de la Alameda», obra del arquitecto Adamo Boari, formó parte del conjunto original del Palacio de Bellas Artes, como elemento de transición entre un espacio abierto y uno cerrado. En 1940, Arturo Sáenz de la Calzada la intervino para convertirla en la sede de la Librería de Cristal, una de las más bellas de la capital de México y del mundo, llamada así por tratarse de una construcción con enormes ventanales como paredes, desde donde los clientes admiraban la arbolada vegetación de la espléndida Alameda Central y se sentían parte de ella. En 1966, la actriz Silvia Pinal personificó a una dependiente de esta librería en la película *Estrategia matrimonio*, coprotagonizada por Joaquín Cordero. | IRP

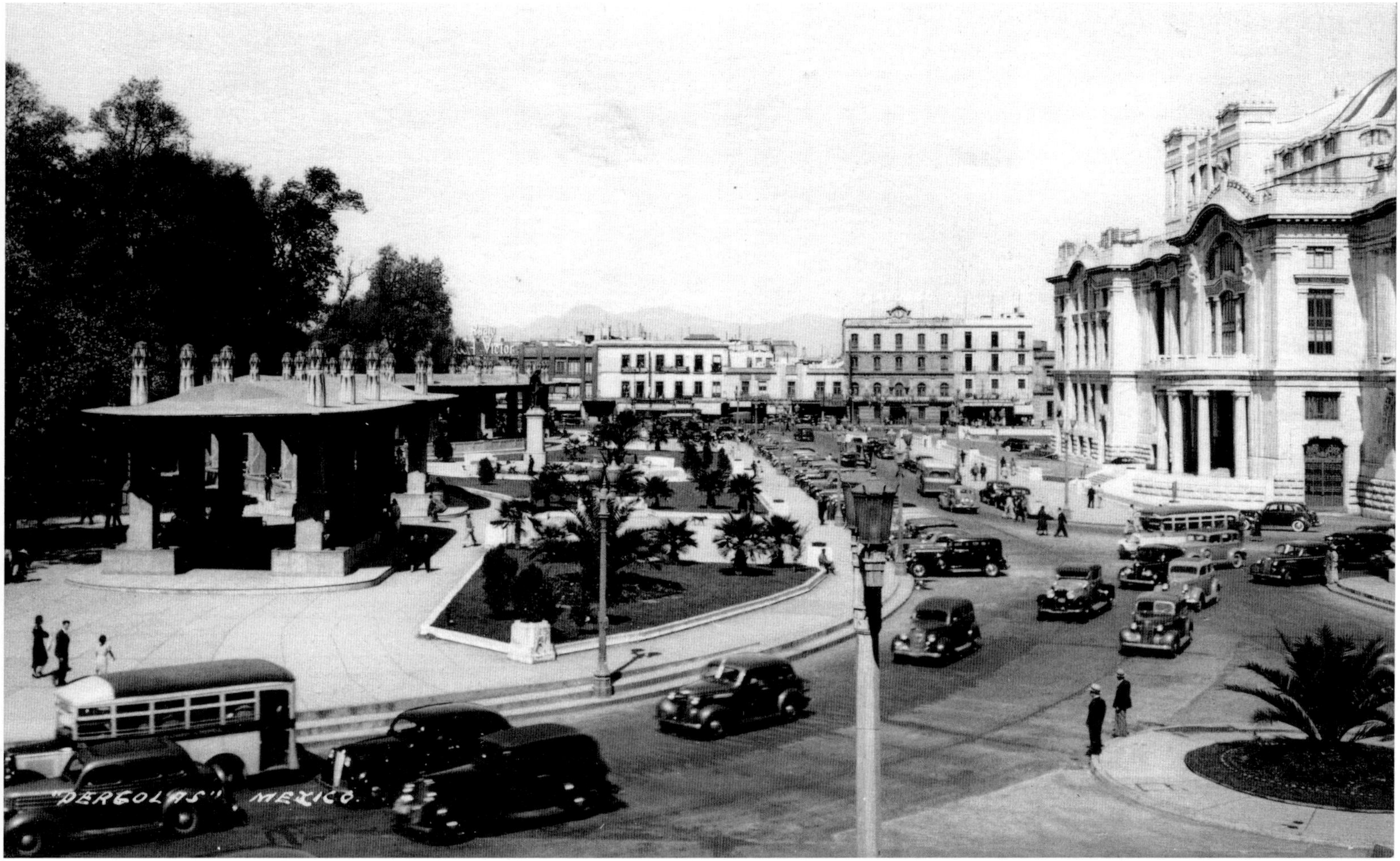

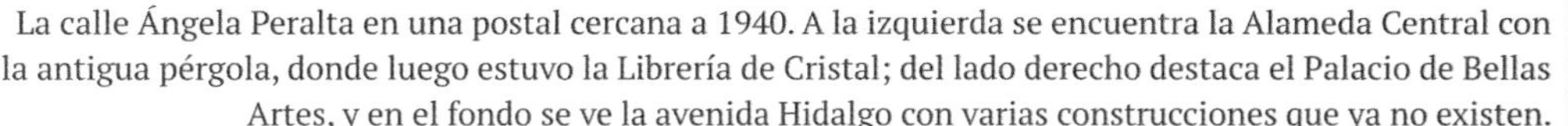

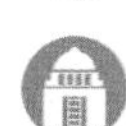

La calle Ángela Peralta en una postal cercana a 1940. A la izquierda se encuentra la Alameda Central con la antigua pérgola, donde luego estuvo la Librería de Cristal; del lado derecho destaca el Palacio de Bellas Artes, y en el fondo se ve la avenida Hidalgo con varias construcciones que ya no existen.

1950   1960   1970   1980

Una mujer disfruta de la vista desde un balcón del Hotel del Prado, ubicado en la avenida Juárez, frente a la Alameda Central, y demolido después del sismo de 1985. Actualmente, en este sitio se encuentra el hotel Hilton.

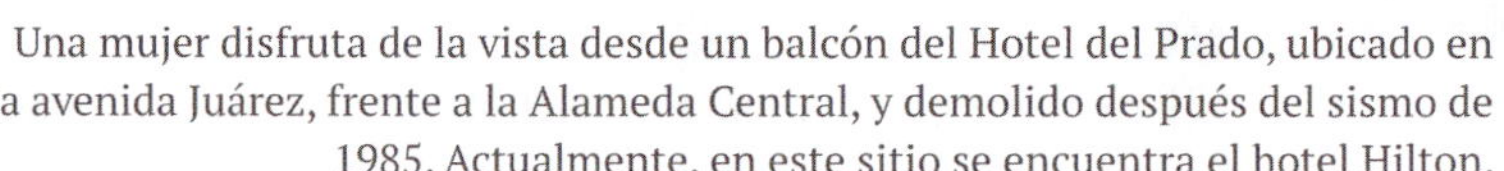

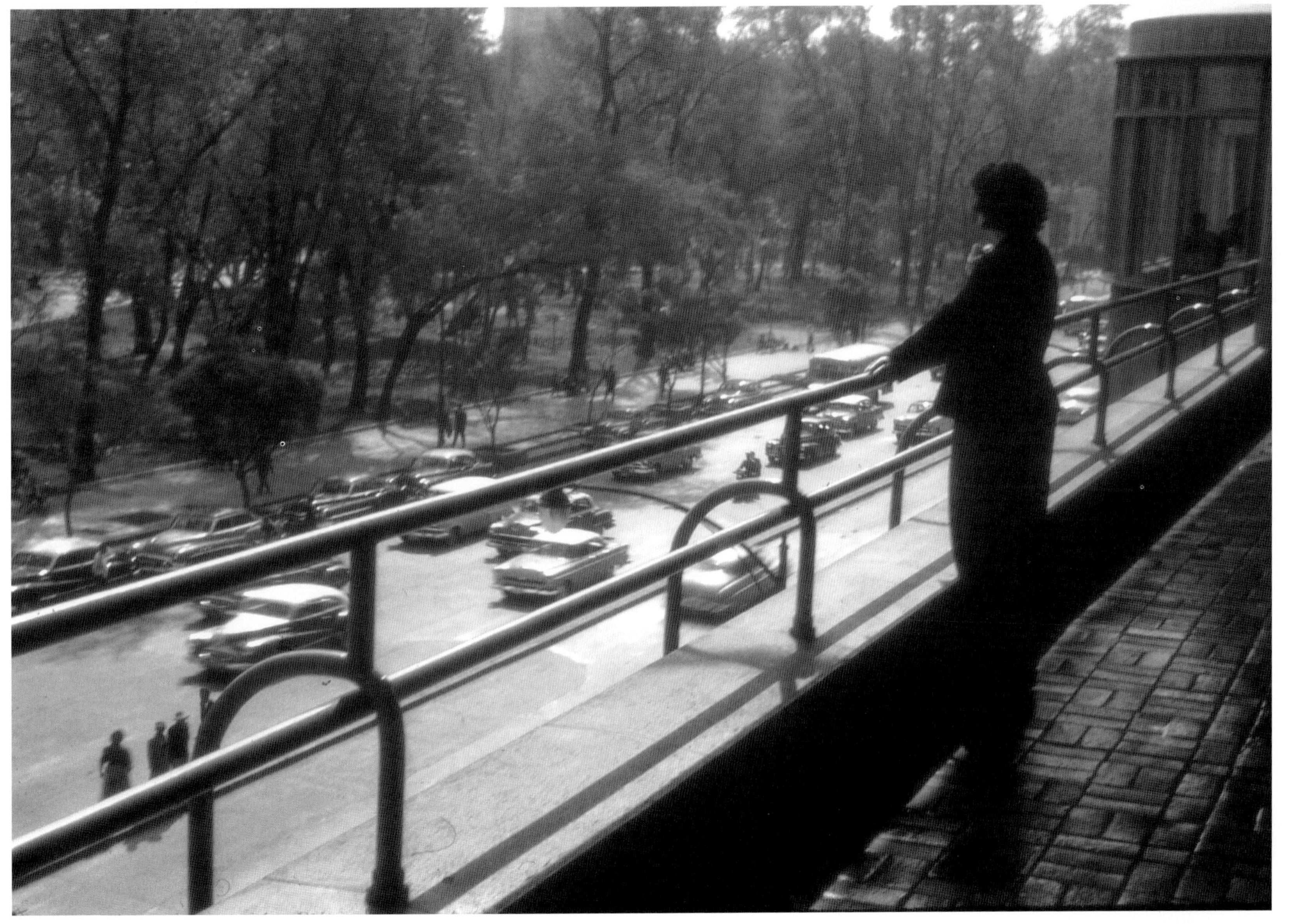

1950

1960

1970

1980

El día a día en la calle Monte de Piedad del Centro Histórico, ubicada a un costado de la Catedral, a principios del siglo XX.

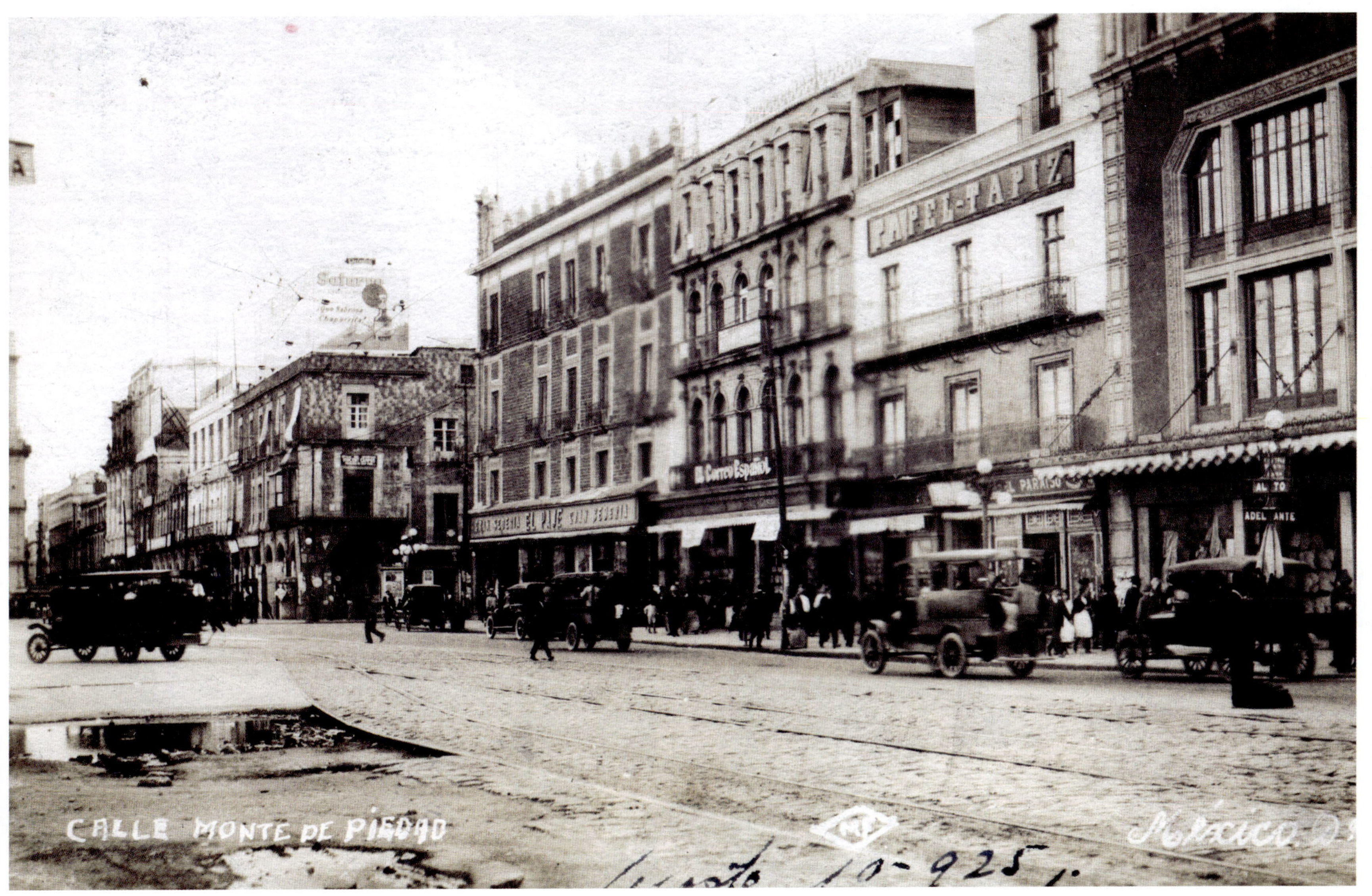
PAPEL-TAPIZ
El Correo Español
EL PAJE
AL PARAISO
ALTO
ADELANTE
CALLE MONTE DE PIEDAD
México

1950   1960   1970   1980

Sin duda, uno de los lugares neurálgicos para el comercio de la ciudad es el histórico Portal de Mercaderes, ubicado entre las actuales avenida Francisco I. Madero y calle 16 de Septiembre del Centro Histórico. Desde los primeros tiempos en que se trazó la Plaza Mayor tras la caída de México-Tenochtitlan, los comerciantes pudieron construir alrededor de la plaza portales en donde guarecerse, junto con sus mercancías, de las inclemencias de la lluvia y el sol. Durante largo tiempo, se vendieron allí, en cajones, especias, sedas, porcelanas, frutas, telas, muebles, ropa y demás mercaderías que llegaban al puerto de Acapulco dos veces al año, procedentes de las lejanas islas filipinas, en la mítica Nao de China o Galeón de Manila. A partir de 1703, esta actividad tuvo lugar también en El Parián, que significa *mercado* en tagalo, idioma filipino. Miles de actividades comerciales aún se siguen suscitando bajo los hermosos arcos del portal. | IRP

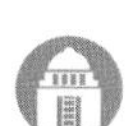

Vista del antiguo Portal de Mercaderes y la calle de Plateros, hoy Madero, en los años veinte.

1920

1930

1940

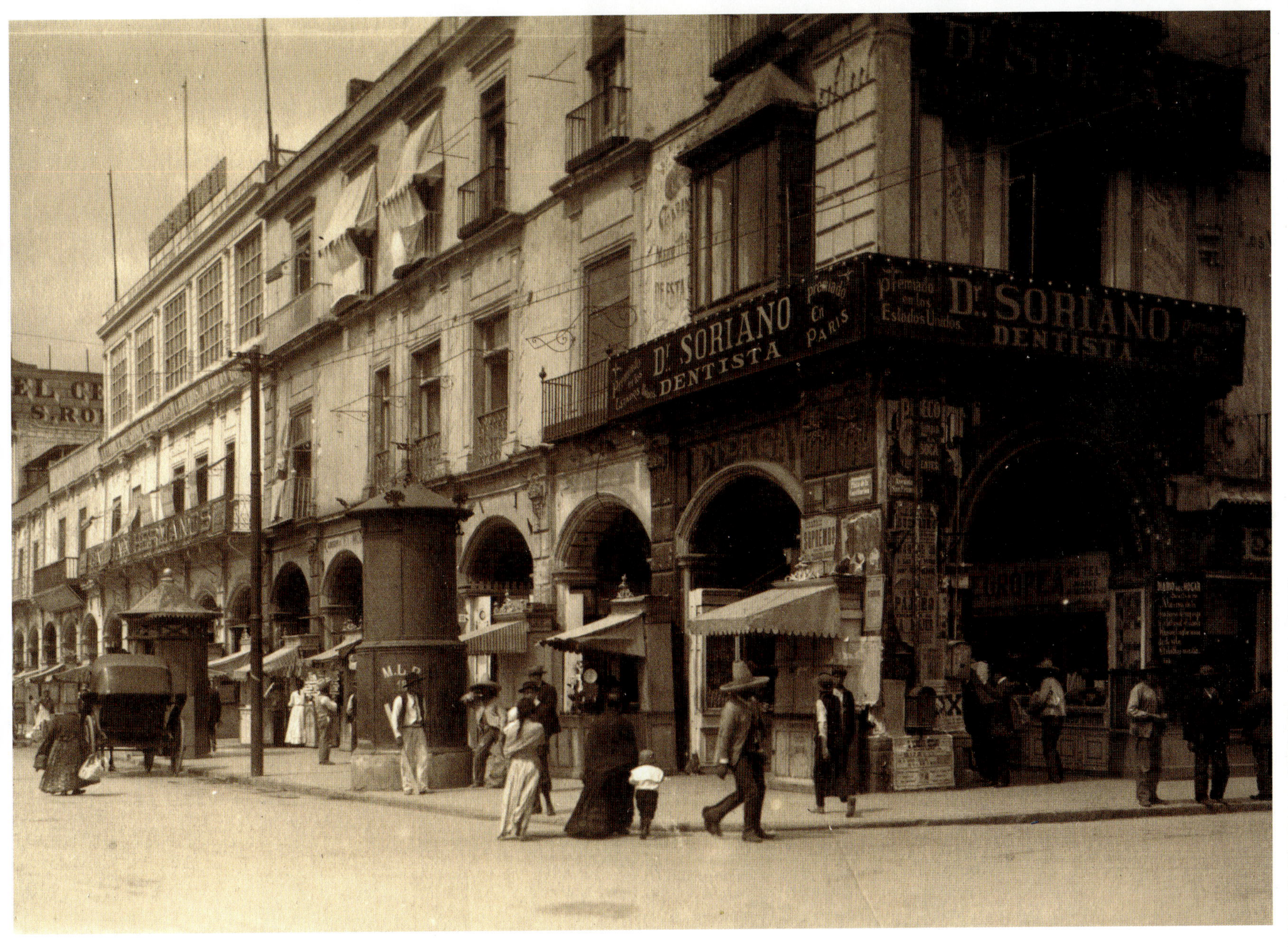

1950

1960

1970

1980

Imponente estructura metálica de más de 60 m de altura, correspondiente a la cúpula del proyecto arquitectónico que el presidente Porfirio Díaz mandó construir, como parte de los festejos por el Centenario de la Independencia, para albergar a uno de los tres poderes de la República mexicana. Planeada para competir en majestuosidad con el Capitolio de Washington D. C., la primera piedra de la colosal obra —de estilo neoclásico— se colocó el 24 de septiembre de 1910, tres días después de que estallara la Revolución mexicana. Debido a los inmensos costos económicos que representaba en medio de la lucha bélica, el ambicioso proyecto quedó inconcluso. La descarnada cúpula, abandonada durante años, fue rescatada por el arquitecto Carlos Obregón Santacilia en la década de 1930, para convertirse en parte del Monumento a la Revolución, inaugurado en 1938. El monumento es también el mausoleo en donde descansan los restos de varios de los personajes más importantes de la gesta revolucionaria: Venustiano Carranza, Francisco I. Madero, Plutarco Elías Calles, Pancho Villa y Lázaro Cárdenas. | IRP

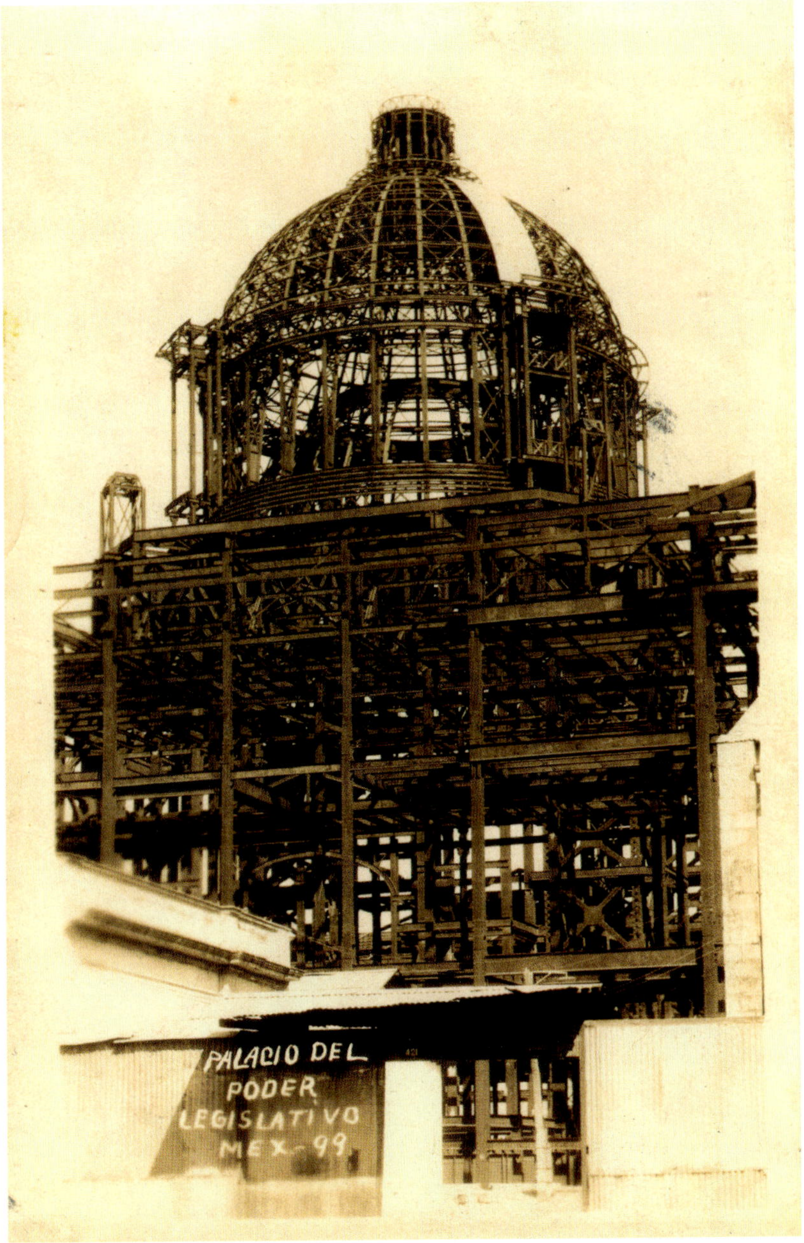

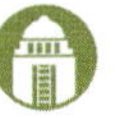

Parte de la construcción de lo que originalmente sería el Palacio Legislativo que albergaría a las cámaras de diputados y senadores. El proyecto quedó inconcluso y la cúpula se aprovechó para construir el Monumento a la Revolución.

1930

1940

1950

1960

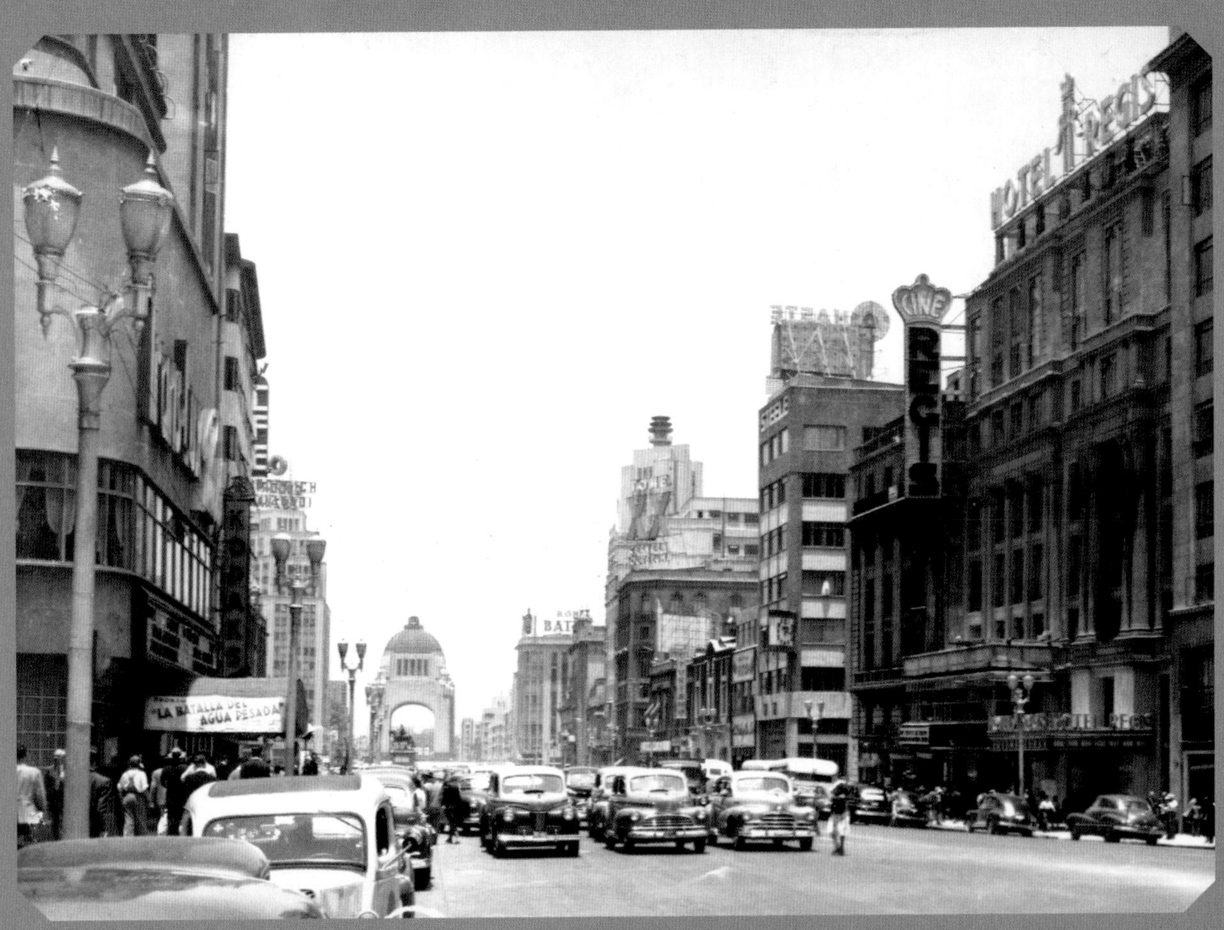

HOTEL REGIS
CINE
LA BATALLA DEL
AGUA PESADA